实现智能物流：物联网视角

徐 赟 刘 奕 曹 静 ◇著

中国商业出版社

图书在版编目（CIP）数据

实现智能物流 ： 物联网视角 / 徐赟，刘奕，曹静著. 北京 ： 中国商业出版社，2024. 9. -- ISBN 978-7-5208-3078-2

Ⅰ. F252.1-39

中国国家版本馆 CIP 数据核字第 20242EZ686 号

责任编辑：王　彦

中国商业出版社出版发行

（www.zgsycb.com　100053　北京广安门内报国寺 1 号）

总编室：010-63180647　编辑室：010-63033100

发行部：010-83120835 / 8286

新华书店经销

廊坊市博林印务有限公司印刷

*

710 毫米 ×1000 毫米　16 开　12.5 印张　210 千字

2024 年 9 月第 1 版　2024 年 9 月第 1 次印刷

定价：58.00 元

* * * *

（如有印装质量问题可更换）

作者简介

徐赟，女，现就职于共青科技职业学院，副教授。毕业于江西科技师范大学电子信息工程专业，硕士研究生学历，主要研究方向为电子信息类课程教学与科研，在《产业与科技论坛》《现代职业教育》《信息记录材料》《电脑知识与技术》等期刊上共发表论文10余篇。

刘奕，男，现就职于共青科技职业学院，讲师。毕业于江西理工大学计算机科学与技术专业，本科学历，主要研究方向为计算机应用技术。参与并结题江西省教育厅科研重点课题项目1项、教育部中国“十三五”科研规划重点课题1项，主持参与实用新型专利1项，发表论文3篇。

曹静，女，现就职于共青科技职业学院，助教。毕业于湖南工业大学包装设计艺术学院数字媒体专业，本科学历，主要研究方向为传统文化的数字媒体应用与理论。先后在《鞋类工艺与设计》和《玩具世界》期刊上发表多篇论文。

前言

随着科技的不断进步和全球化的日益深入，物流行业已经成为现代经济的“血脉”，其运作效率和智能化水平直接关系到社会经济的发展和人们生活的便利。特别是在物联网（IoT）技术的迅猛发展下，智能物流已经不再是遥不可及的未来概念，而是逐渐成了人们日常生活和工作中的现实。

近年来，物联网成为国内外热烈讨论和重点研究的问题之一，物联网的一些初级应用已经在很多领域为人们服务。特别是物联网技术通过其独特的感知、传输、处理和应用能力，极大地推动了物流行业的智能化、自动化和绿色化发展，为物流行业带来了革命性的变革。从货物的实时追踪、仓储的自动化管理，到运输路线的智能优化，物联网技术正在逐步进入到物流的每一个环节，物流行业变得更加高效、透明和智能化了。

物联网技术在物流领域的应用具有重要意义和广泛的应用价值，但实现智能物流并非一蹴而就，它需要人们深入理解物联网技术的核心原理和应用场景，掌握其与传统物流业务的有效结合方式，并不断进一步创新和完善。未来，随着物联网技术的不断发展，其在物流领域的应用将会更加广泛和深入，为物流行业的可持续发展提供有力支持。

本书从物联网的视角出发，探讨智能物流的实现途径和发展前景。我们将从物联网与物流的关系、物联网技术的基本原理和在物流行业的应用现状，到分析智能物流的核心技术和关键要素，最后探讨智能物流的发展趋势和面临的挑战。希望通过本书的阐述，能够使大家深入了解物联网技术在现代物流中的重要作用，为大家理解智能物流提供参考和启示，共同推动物流行业的智能化发展。

目 录

第一章

物联网与物流

物联网和物流是两个紧密相关的概念，它们在现代供应链管理中扮演着重要的角色。物联网（IoT）起源于传媒领域，被认为是信息科技产业的第三次革命。它主要是通过信息传感设备，按照约定的协议，将任何物体与网络相连接，进行信息交换和通信，实现智能化识别、定位、跟踪、监管等功能。在物联网应用中通常包括三个层次：感知层、网络传输层和应用层。感知层是物联网层次结构中的最底层，是信息采集的关键部分。它主要由各种传感器构成，如温湿度传感器、二维码标签、RFID（射频识别）标签和读写器、摄像头、GPS全球定位系统等感知终端，实时地监测和收集外部环境或物体的各种信息，如温度、湿度、光照、声音、位置、视频等，然后将这些信息转化为标准的电子数据格式，并共享到物联网系统的其他层面，为物联网系统的数据应用提供重要的数据来源和支撑。网络传输层是物联网网络中的关键组成部分，是物联网设备实现连接的通道。它依赖无线传输技术，支持多种类型的物联网设备之间的连接，如有线网络、无线网络、蓝牙、Zigbee等，还支持不同类型设备之间的数据传输，如视频、图像、文本等，负责将感知层所采集到的数据上传到互联网，为应用层服务，同时承担连接终端设备、边缘、云端的职责。应用层是物联网三层结构中的最顶层，它通过云计算平台对感知层采集到的数据进行计算、处理和知识挖掘，实现对物理世界的实时控制、精确管理和科学决策。从结构上划分，物联网应用层包括三个部分：一是物联网中间件，独立的系统软件或服务程序，可以将公用能力统一封装后供物联网应用使用；二是物联网应用，用户可直接使用的应用，如智能操控、远程医疗、智能农业等；三是云计算，通过网络“云”的分布式计算技术，将物联网设备收集到的大量数据进行实时处理和分析，为物联网应用提供准确的决策支持。

物流（logistics）是供应链活动的一部分，是为了满足客户需要，对商品、服务消费以及相关信息从产地到消费地的高效、低成本流动和储存进行规划、实施与控制的过程。物流以仓储为中心，涵盖了商品的运输、仓储、包装、搬运装卸、流通加工、配送以及相关的物流信息等环节，以确保货物能准时、准确地到达目的地。它包含了用户服务、需求预测、订单处理、配送、存货控制、运输、仓库管理、工厂和仓库的布局与选址、搬运装卸、采购、包装、情报信息等方面的内容，具有快速性、可靠性、灵活性、经济性和多样性的特点。物流是现代社会经济中不可或缺的部分，它可以帮助企业高效地管理和流转物资，提高运输效率，降低人力成本，带来更好的物流体验和客户满意度。用高效的运输工具和先进的物流管理系统来确保货物在最短的时间内送达目的地，并配有专业的运输团队和物流管理系统确保货物在运输过程中的安全性和可靠性，实现以低价的成本和高效的服务满足客户需求。

科学技术在不断进步和应用，物联网与物流逐渐互相关联，物联网技术的发展为物流行业带来了巨大的变革，在物联网对数据信息的处理与分析的基础上，实现了物流信息共享和智能化管理，提高了物流行业效率、准确性和服务质量，也为供应链持续畅通运行提供了有力保障，未来物流行业将越来越智能化、高效化。与此同时，物流行业的发展也将推动物联网技术的不断创新和拓展应用。

物联网技术的基本概念

物联网技术起源于传媒领域，被视为信息科技产业的第三次革命。其最早的概念是由美国麻省理工学院Auto-ID实验室在1999年提出的，旨在通过信息传感设备，如射频识别、红外感应器、全球定位系统、激光扫描器等，按约定的协议，将任何物体与网络相连接，实现物体之间以及物体与互联网之间的信息交换，通俗地说，物联网就是“物物相连的互联网”。

物联网技术是一种将物理世界与数字世界紧密相连的技术，它正在深刻地改变着我们的生产和生活方式。它依赖信息传感设备来识别物体并收集相关信息；遵循相关协议和标准，确保不同设备和系统之间的互联互通，实现了智能化识别、定位、跟踪、监管等功能，从而提高生产生活的效率和便利性。物联网的应用范围也非常广泛，包括智能家居、智慧城市、工业自动化、智能交通、环境监测等领域。随着技术的不断进步和应用场景的不断拓展，物联网已经渗透到人们生活的方方面面。从智能家居、智能交通到工业自动化、远程医疗等领域，物联网技术都发挥着越来越重要的作用。随着5G、云计算、大数据等新一代信息技术的不断发展，物联网的应用场景也将更加广泛和深入，未来将为人类社会的发展和进步做出更大的贡献。

一、物联网的定义

（一）物联网的起源与发展

物联网可以说是当今科技发展的重要分支，其起源可以追溯到20世纪末的模糊意识和初步想法。物联网的起源与发展，是一段融合了技术创新、产业变革和社会需求的历史进程。

物联网的起源，可以追溯到1991年，美国麻省理工学院的Kevin Ash-ton教授首次提出了物联网的概念。而物联网真正引起广泛关注的时刻是在1995年，比尔·盖茨在其《未来之路》一书中构想了“物物互联”的愿景，但当时受限于无线网络、硬件及传感设备的发展，这一构想并未实现。1999年，美国麻省理工学院首次给出了物联网的明确定义，即把所有物品通过RFID和条码等信息传感设备与互联网连接起来，实现智能化识别和管理的网络。这一时期的物联网工作主要集中在实验室中，主要目标是物品身份的自动识别以及如何提高识别的效率和准确性。

随着时间的推移，物联网的发展进入了新的阶段。2003年，“EPC决策研讨会”在芝加哥召开，这是物联网领域的第一个国际会议，得到了全球90多个公司的大力支持。这次会议标志着物联网相关工作开始走出实验室，逐步进入工业界和学术界的视野。2005年，物联网的发展迎来了重要的里程碑。国际电信联盟（ITU）发布了《ITU互联网报告2005：物联网》，正式提出了“物联网”的概念，并指出无所不在的“物联网”通信时代即将来临。同年，中国政府也开始重视物联网的发展，将其视为推动信息产业发展的重要方向。

进入21世纪，物联网的发展进入了高速期。2009年，美国政府将新能源和物联网列为国家战略，同年，欧盟执委会也提出了欧洲物联网行动计划，这些政策的出台极大地推动了物联网在全球范围内的应用和发展。中国政府在2010年将物联网列为关键技术，并宣布物联网是其长期发展计划的一部分，这一决策进一步加速了物联网在中国的普及和应用。2021年7月13日，中国互联网协会发布了《中国互联网发展报告（2021）》，物联网市场规模达1.7万亿元，人工智能市场规模达3031亿元。2021年9月，工信部等八部门印发《物联网新型基础设施建设三年行动计划（2021—2023年）》，明确到2023年年底，在国内主要城市初步建成物联网新型基础设施，社会现代化治理、产业数字化转型和民生消费升级的基础更加稳固。

（二）物联网的基本概念解释

物联网技术的基本概念是，通过信息传感设备，如射频识别、红外感应器、全球定位系统、激光扫描器等，按照约定的协议，将任何物品与互联网进行连接，以实现智能化识别、定位、跟踪、监控和管理的一种网络技术。

物联网技术的核心和基础是互联网技术，它在互联网技术的基础上进行了延伸和扩展，使得用户端不再局限于传统的人与人之间的连接，而是扩展到了任何物品与物品之间的连接，实现了信息的交换和通信。物联网通过将无处不在的末端设备和设施，如传感器、移动终端、工业系统、数控系统、家庭智能设施、视频监控系统等，与互联网相连，形成了一个庞大的网络。

物联网技术将新一代IT技术充分运用在各行各业之中，通过“物联网”与现有的互联网整合起来，实现了人类社会与物理系统的整合。它具有全面感知、可靠传递、智能处理的优势，在这个整合的网络中，存在能力超级强大的中心计算机群，能够对整合网络内的人员、机器、设备和基础设施实施实时的管理和控制。这种及时精密的控制和管理在工业生产中可以直接转化为生产效率。不仅提高了我们日常生产和生活的信息化程度，还在提高效率的同时达到了能源节约的效果。可以实现对物品的实时定位、跟踪、监控和管理，提高物品的使用效率和安全性。这可以让人们用更加精细和动态的方式管理生产和生活，达到“智慧”状态，提高资源利用率和生产力水平，改善人与自然间的关系。

物联网将物理世界与数字世界紧密地联系在一起，使得人们能够实时获取、分析和利用来自各种设备和系统的数据。这些设备可以是家用电器、智能穿戴设备、工业设备、城市基础设施等，它们通过物联网技术实现了与互联网的无缝连接，形成了庞大的网络体系。

（三）物联网与互联网的区别和联系

物联网与互联网两者虽一字之差，却有天壤之别。从连接主体来看，物联网主要连接的是各种物体或设备，如家用电器、交通工具、工业机器等，侧重于物与物、人与物之间的智能化互动。而其他网络技术如互联网技术，主要连接的是计算机、服务器和移动设备等，侧重于人与人之间的信息交流。从处理数据类型来看，物联网涉及的数据类型多样，包括环境数据、状态信息等，并且对实时数据处理的要求更高。互联网技术主要处理的数据类型包括文本、图片、视频等，其数据处理方式相对物联网来说可能更注重信息的传递和共享。从应用领域来看，物联网更注重于自动化控制、智能家居、智慧城市、工业4.0等方面，通过连接物体和设备实现智能化管理。互联网技术则广泛应用于信息检索、社交媒体、在线商务等领域，主要关注人与人之间的信息交流和商业活动。

物联网和互联网都依赖计算机网络技术、无线通信技术和数据处理技术等基础技术，这些技术的不断发展和完善也为两者建立了联系。物联网是在互联网的基础上发展而来的，物联网以互联网作为其数据传输的主要通道，许多物联网设备都通过互联网来接收、发送消息。物联网扩展了互联网的应用领域，物联网通过将传感器、执行器、控制器等设备连接到互联网，使得各种物理对象都能够进行信息收集和交互，从传统的信息服务领域扩展到了工业自动化、智能家居、智慧城市、健康医疗等多个领域。而互联网则为物联网提供了丰富的资源和平台，包括云计算、大数据、人工智能等，这些技术和平台为物联网提供了强大的数据处理和分析能力，使得物联网能够更好地实现智能化决策和预测性维护等功能。物联网与互联网两者的结合也催生了许多创新应用，如远程医疗、智慧农业、智能制造等，这些新的应用场景、新的业务模式、新的服务形态为我国经济发展和社会进步注入了新的活力。

二、物联网的技术架构

（一）感知层

物联网感知层是物联网架构中的最底层，扮演着核心角色，主要负责数据的采集和预处理，包括但不限于二维码标签和识读器、RFID标签和读写器、摄像头、GPS、传感器、M2M终端等，这些组件与人类的五官和皮肤类似，可用于识别外界物体和采集信息。

感知层功能为通过识别物体、采集信息、设备控制、数据预处理、事件检测进行“感知”。识别物体是指通过RFID、二维码等技术为物品建立唯一身份标识，采集信息是指利用各种传感器采集外部环境数据，如温度、湿度、光照、声音、位置等，数据预处理是指对采集到的数据进行初步处理，如格式转换、去噪、数据校验等，事件检测是指基于数据检测和识别现实世界中的各类事件，并及时上报。感知层常见的关键技术为以下三种：检测技术，涉及各种传感器的设计和应用，其主要目的是实现对物理世界各种参数的测量和监测，为物联网系统提供更加精确、可靠的数据来源。短距离无线通信技术，它主要包括蓝牙、ZigBee、Wi-Fi等技术，这些技术具有传输距离短、功耗低、传输速率快等特点，可以适用于物联网感知层中设备之间的数据交换和传输。而数据处理技术是将采集到的原始数据转化为有价值信息的过程。在物联网感知层中，数据处理技术包括数据清洗、去噪、转换、融合等步骤，以提高数据的准确性和可靠性，为物联网系统提供决策支持和服务。

感知层以部署大量的节点数目满足全方位的感知需求，并且同一感知节点上可能部署多种类型的感知终端，以适应不同的应用场景，但是由于部署的环境和成本的限制，其节点的安全性能较低。另外，因感知层与物联网的生命周期紧密相关，其稳定性和可靠性直接影响到整个物联网系统的运行效果，是实现物联网智能感知和监控的基础。

随着人工智能技术的不断发展，物联网感知层将逐渐实现智能化。智能传感器将传统传感单元整合计算单元和AI算法，使得传感器具备除测量之外的信息处理能力。这将大大提高物联网系统的智能化水平，实现更加精准、高效的数据采集和处理。依托一种将计算任务从云端转移到网络边缘的技术，在物联网感知层中实现对数据的实时处理和分析，降低数据传输的延迟和成本，并且云计算还可以提高物联网系统的安全性和可靠性，减少数据泄漏和被攻击的风险。未来通过制定统一的标准和规范，可以在不同设备之间进行无缝连接和协同工作，提高物联网系统的整体性能和效率。

（二）网络层

物联网的网络层是物联网三层结构中的中间层，起着承上启下的作用，连接着感知层和应用层。网络层由接入网、传输网组成。接入网为物联网终端提供不同网络环境下的接入功能、移动性管理等，包括各种有线接入和无线接入等，如光纤接入、无线接入、以太网接入、卫星接入等，用于实现底层的传感器网络、RFID网络“最后一公里”的接入。传输网由公网与专网组成，典型传输网络包括电信网（固网、移动通信网）、广电网、互联网、电力通信网、专用网（数字集群）等，负责实现信息的传输功能。

网络层的主要功能是进行信息的传送。它通过各种网络形式（如私有网络、互联网、有线和无线通信网等）将感知层获取的信息安全可靠地传输到应用层，并根据不同的应用需求进行信息处理。网络层常见的关键技术有以下两种：IPv6技术，由传统的IPv4技术升级而来，提供了更大的地址空间，支持更多的设备接入互联网，还具有更好的安全性、移动性和服务质量等特性，为物联网的发展提供了有力支持。多种无线通信技术适用于不同的应用场景，Wi-Fi技术适用于高速数据传输和室内环境、蓝牙技术适用于短距离无线连接和数据传输、ZigBee技术适用于低功耗、低数据速率的无线传输、NB-IoT技术则适用于广覆盖、低功耗的物联网应用。

由于物联网中有多种多样的设备需要接入，网络层需要支持多种不同的网络技术和协议，以实现设备的无缝接入和互操作性。网络层还具备良好的可扩展性，以适应物联网设备的数量和应用场景的不断增加、不断变化的网络需求。物联网的网络层承担着巨大的数据量，为了满足更高的服务质量要求，现有网络层必须进行融合和扩展，并且利用新技术以实现更加广泛和高效的互联功能。

随着5G/6G通信技术的逐步商用和普及，物联网连接规模将实现爆发式增长。据IDC预测，到2026年，中国物联网连接规模将达到约102.5亿个，复合增长率高达18%。物联网的网络层将能支持数以百亿计的设备进行高效、可靠的连接。物联网的网络层也将支持多种通信方式，根据不同的应用场景和需求进行融合和优化，实现无缝透明的接入。并且采用更加先进的安全技术和加密算法，加强对物联网设备的监控和管理，及时发现和处理潜在的安全威胁，为物联网的广泛应用和发展奠定坚实的基础。

（三）应用层

物联网的应用层是物联网技术架构中的最顶层，其主要功能是对感知层和网络层收集到的数据和信息进行具体应用。应用层可能在重视程度和技术成果上落后于其他两个层面（感知层和网络层），但由于其直接为用户提供具体服务，通过数据处理、应用支撑和跨行业协同等功能，为各种物联网应用提供了强大的支持，推动了物联网技术的发展和应用。

应用层通过云计算平台对感知层采集的数据进行计算、处理和知识挖掘，为物理世界的实时控制、精确管理和科学决策提供支持，并且屏蔽下层的异构网络，为各种应用提供通用的支撑服务和能力调用接口。实现跨行业、跨应用、跨系统之间的信息协同、共享、互通，包括电力、医疗、银行、交通、环保、物流、工业、农业、城市管理、家居生活等多个领域。应用层需要支持各种应用协议和应用软件，同时考虑如何实现应用的智能化和个性化。其人机界面提供人—机交互，泛指与应用程序相连的各种设备与人的信息交流与反馈。应用层的中间件将各种可以公用的能力进行统一封装，提供给物联网应用使用。

物联网的应用层有以下几种关键技术：大数据处理技术，通过采用分布式存储、并行计算等技术手段，实现对海量数据的高效处理和分析。人工智能技术帮助物联网应用层实现对数据的智能分析和挖掘，采用机器学习、深度学习等技术手段，对数据的自动化处理和分析，提取有价值的信息。安全技术，包括数据加密、身份认证、访问控制等技术手段，确保数据在传输和存储过程中的安全性。

当前，物联网应用层的智能化可在家庭生活中很好地得到体现，利用物联网技术各种家居设备可以实现互联互通，实现智能化的家庭生活，如用户可以通过手机App或语音控制智能家居设备，实现远程控制、自动化控制等功能。在交通领域也可以进行智能化管理，如交通信号灯根据实时交通流量进行智能调控，优化道路交通拥堵情况。在农业领域的应用提高了农业生产效率和资源利用效率，农民可以通过物联网技术监测农田的土壤湿度、温度等信息，安排灌溉和施肥。在医疗领域的应用提高了医疗服务的质量和效率，医疗设备和仪器可以实现互联互通，医生可以远程监测和诊断患者的生理状态，更方便、快捷。应用层还可以利用其智能化功能完成对用户用电信息的分析，并自动采取相关措施，如通过网络远程采集油井或注水井的数据，实现生产工况的实时诊断、优化设计和智能控制。

三、物联网的核心特点

（一）全面感知

物联网的全面感知是其核心功能之一，它是指物联网系统能够通过各种信息传感设备，实时、准确地获取物理世界的各种信息，并将其转化为数字信号进行处理和分析，确保数据的及时性和准确性。通过各种高精度传感器和测量设备，准确地获取各种物理量，从而获取全面的信息，如环境信息温湿度、设备状态、人员位置等。

（二）可靠传输

物联网可靠传输是确保物联网系统高效、稳定运行的关键环节。在物联网系统中，可靠传输主要是指通过各种通信技术，将感知设备采集到的数据实时、准确地传送到数据处理中心，以供后续的分析、处理和应用。物联网可靠传输能够确保数据的完整性和准确性，避免因数据传输错误或丢失而导致的系统误判或决策失误，对于保障系统的正常运行具有重要意义。

（三）智能处理

物联网智能处理是指利用云计算、大数据、人工智能等先进技术，对物联网中的海量数据进行收集、整理、分类、传输、分析等一系列智能化处理的过程。智能处理是物联网实现智能化、自动化的关键，它使得物联网能够实现对物理世界的智能认知，以及对物品的高效、节能、安全、环保的

“管、控、营”一体化。它使得物联网能够实现对物品信息的收集、整理等一系列处理，从而实现对物品的定位、识别、控制、管理等行为，确保物品能更高效地以人的意志发生改变，更好地服务于人的工作和生活。

物流领域中物联网的应用现状

物流领域中物联网的应用已经具有广泛的应用场景和深入的应用程度，市场规模持续扩大，技术融合与创新不断推动物流行业的发展。物联网技术可以实现货物在运输过程中的实时追踪和监控，通过获取货物的位置、温度、湿度等信息，确保货物的安全和完整。利用RFID技术，物流公司可以为货物安装电子标签，实现快速、准确地识别和定位，提高物流运作效率。物联网技术在仓库管理中的应用，如自动化分拣、堆垛等，减少了人力成本，提高了仓库运营效率。

随着物联网技术的不断成熟和普及，物流领域对物联网技术的需求也在不断增加。通过物联网技术收集的数据可以与大数据、云计算等技术结合，实现对物流信息的精准分析和处理，为物流决策提供有力支持。物联网技术在物流运输中的应用，如车联网技术，可以实现车辆的实时监测和管理，提高物流运输的效率和安全性。未来，随着自动驾驶技术的发展，物联网将在物流运输中发挥更加重要的作用。据统计，全球物联网设备连接数持续增长，2022年全球物联网连接数已达到168亿个左右。在中国，物联网行业规模于2022年首次突破3万亿元大关，预计未来将持续稳步上升。

同时，物联网技术的应用需要投入大量的资金和人力成本，物联网技术的应用涉及大量的传感器和设备与互联网连接，可能带来安全和隐私问题。物流企业需要加强对物联网系统的安全防护，确保货物和数据的安全。不同厂商、设备之间的兼容性和互操作性等问题仍然存在，要面临成本、安全与隐私、技术标准等挑战，这对智慧物流的规模化应用造成了一定的阻碍，需要物流企业和相关机构共同努力解决。

一、物联网在物流领域的应用概述

（一）物联网在物流各环节的应用简介

物联网在物流行业的应用已经成为推动物流现代化、智能化和自动化的重要力量。随着技术的不断进步和市场的持续扩大，物联网在物流各环节的应用日益广泛，为物流行业带来了前所未有的变革。

1.物联网在物流行业的应用背景

随着全球化和电子商务的快速发展，传统的物流模式已经无法满足现代社会的需求，物流行业急需转型升级，而物联网技术的出现，为物流行业的变革提供了可能。物联网技术在物流领域大展拳脚，通过物联网技术如GPS定位、RFID标签等，物流企业对货物、车辆、仓库等物流要素进行实时动态监控、数据采集和智能管理，提高了物流运作的透明度和可追溯性。为了确保货物的质量和安全，还需要对仓库的库存量、温度、湿度等环境参数进行实时监控。物联网技术通过智能感知、信息传输、数据处理等技术手段，实现对物流各环节的智能调度和优化管理，提高了物流效率和服务质量，降低了物流成本。目前，物联网技术在物流领域的应用还面临一些挑战，物联网设备的成本较高，对于一些规模较小的物流企业来说，难以承担高昂的设备和维护费用；物联网技术在某些领域的技术成熟度不够，例如射频识别和传感器技术的稳定性与可靠性需要加强；物联网技术在数据安全和隐私保护方面也存在一些挑战，相关的技术研发和管理需要进一步加强。

2.物联网在物流各环节的应用

（1）仓储管理

物联网在仓储管理中的应用主要体现在智能仓库管理方面。通过在仓库内安装传感器、RFID标签等设备，加强对货物的实时监控和智能管理。例如，当货物进入仓库时，传感器可以自动识别和记录货物的信息，如数量、种类、位置等。物联网技术还可以与自动化设备结合，实现货物的自动分类、存储、拣选和包装等操作，提高了仓库管理的效率和准确性。为了确保货物的质量和安全，物联网技术对仓库内的温湿度、光照等环境参数进行监控。

（2）运输监控与优化

物联网技术在运输监控与优化方面的应用主要体现在对运输车辆和货物的实时监控和调度上。为了实时获取车辆的位置、速度、油耗等信息，需要在车辆上安装GPS定位装置和传感器，并将这些信息传输到云平台进行处理和分析。而物流企业可以以这些信息为依据对运输路线进行优化，提高运输效率和降低成本，也对货物的状态进行了实时监控，保证货物在运输过程中的安全性和完整性。

（3）配送环节

物联网技术在配送环节的应用主要体现在智能调度系统和物流信息追踪方面。利用智能调度系统可以全方位地掌握车辆的位置、交通状况、客户需求等数据信息，及时调整配送路线和车辆调度，将配送效率和客户满意度进一步提升。物流信息追踪则是在包裹、运输工具和物流节点上安装传感器，实现对物流信息的实时监控和追踪，方便客户通过手机或计算机等终端智能设备对包裹的实时位置和状态信息进行查询，提高客户对物流服务的满意度。

（4）供应链管理

物联网技术在供应链管理中的应用主要体现在对供应链进行全程追踪和实时监控。物流企业在货物包装上植入传感器或RFID标签等设备来获取货物的位置、状态等信息，并将这些信息传输到云平台进行处理和分析。根据这些信息对供应链进行预测和优化，提前做好备货和调配计划，并且与供应链各环节的数据共享和协同，提高供应链的可控性和效率，进一步加强对供应链的管理。

（5）客户服务

物联网技术在客户服务中的应用主要体现在个性化服务和智能配送方面。物流企业依托物联网感知层提供的数据信息，了解客户需求和喜好，提供更个性化、更具有针对性的物流方案和服务，让客户黏性和满意度得到提升。通过无人机、无人驾驶配送车等方式进行智能配送，提高配送的效率和准确性，使得智能化设备与客户服务结合、融合，提高服务质量。

3.物联网在物流行业的发展趋势

物联网技术在物流行业中的发展趋势主要表现为技术融合与智能化升级、绿色物流与可持续发展以及个性化服务与定制化物流等方面。这些趋势将推动物流行业向更高效、更智能、更绿色、更个性化的方向发展。

物联网、人工智能和区块链技术的融合正成为物流行业发展的重要驱动力。在物流行业中，物联网可以实时收集和传输货物、车辆、仓库等各环节的数据，而人工智能则能够分析这些数据，优化运输计划、货物跟踪等操作，提高物流的效率和准确性。当前更多的智能化设备将被应用于物流行业中，如智能仓储系统、智能配送机器人、无人驾驶车辆等。这些设备的快速发展将大幅提高物流作业的自动化和智能化水平，减少人力成本，也可以提高物流效率。而区块链技术则为物联网提供了安全、透明和不可篡改的数据记录方式。在物流领域，通过物联网收集的数据，可以实时更新到区块链中，记录货物从生产到消费的整个供应链过程，形成一条完整的、可追溯的供应链、信息链。这有助于解决供应链中的"信息孤岛"问题，提高供应链的透明度和协同效率，确保数据的真实性和可信度。当物联网、人工智能和区块链技术相互融合时，物联网提供实时数据，人工智能进行分析和决策，区块链确保数据的安全和可信度，三者相互补充，形成一个高效、智能、安全的物流生态系统。在这个生态系统中，物流过程可以实现自动化控制、智能决策和实时追踪，物流行业将更加智能、高效和安全。

物联网技术在节能减排和环保物流中发挥重要作用。例如，智能电表，实时监测电力使用情况，并通过无线网络传输数据至云端，实现远程监控和管理。智能电表可以提供详细的用电信息，帮助用户了解能源消耗情况，并提供节能建议。智能插座可监测家电用电量并设定自动关闭功能，智能照明系统根据光线感应和用户需求自动调节照明亮度，从而节省能源。智能监测系统，在工业生产和居民区域安装传感器，实时监测能源消耗和排放情况，为节能减排提供数据支持。智能交通管理，物联网技术实现道路交通的智能调度，避免交通拥堵和无效排放。智能垃圾桶促进垃圾分类、收集、传输和处理的高效性，对环境和资源保护有重要作用。这说明物联网技术可以推动绿色包装和回收的发展，助力物流企业实现节能减排。

（二）物联网技术对物流行业的变革性影响

物联网技术通过实时数据采集、传输、分析来提升效率、降低成本和改善客户体验，物联网技术为物流行业带来了前所未有的发展机遇，为物流行业的创新发展注入新的动力，极大地提高了物流行业的运作效率、降低了成本，并改善了客户体验，为物流行业带来了前所未有的发展机遇。

1.利用物联网技术提高物流运作效率

当前，物流行业正迎来一场效率革命。物联网技术通过集成各种传感器、网络和数据分析工具，实现了物流过程的智能化、自动化和实时化，极大地提高了物流运作效率。

物联网技术通过实时追踪和监控货物，确保物流企业能够精确掌握货物的位置、状态以及预计到达时间，满足了当前对物流信息的透明化和准确化的需求，既降低了货物的丢失率和损坏率，又优化了运输路线，减少了一些不必要的延误，显著地提高了物流运作的可靠性和效率。物联网技术还可以对物流仓库进行智能化管理，借助部署在仓库内的传感器，物流公司可以实时掌握货物的库存量、温度、湿度等信息，保证货物在存储过程中的安全性，也利用自动化的货物分类、拣选和配送，减少了人工操作的时间和错误率，提高了仓库的运作效率。物流与物联网的数据分析功能，对物流数据进行收集和分析，深入了解运输成本、货物周转率、客户需求等关键信息，及时优化物流网络、调整运输策略，实现更高效的物流运作。

2.利用物联网技术降低物流成本

物联网技术通过提高物流信息的透明度、实现智能调度和优化管理、自动化操作提高作业效率、优化库存管理和降低储存成本以及提高物流系统的整体效率等方面，有效地降低了物流成本，并且物联网技术在物流领域的应用将更加广泛和深入，为物流行业带来更加显著的效益和优势。

物联网技术可以实时获取货物的位置、温度、湿度等信息，通过云计算技术对数据进行分析和处理，对物流信息进行实时监控和可视化展示，使得信息透明度有效提高，物流企业能够随时了解货物的位置和状态，及时发现并解决问题，降低了由于信息不畅或信息错误导致的物流成本升高。运用物联网技术的结合大数据和人工智能技术，对物流运输过程进行智能调度和优化管理，通过历史数据的分析和预测合理安排运输路线和运输工具，提高运输效率和降低运输成本，并且根据实时的交通情况和货物的急缓程度，动态调度，避免拥堵和延误，提高了物流的灵活性和响应速度。根据当前客户订单的数量及库存情况择机触发系统进行补货，自动化的过程保证了发货退货的正确性和补货的及时性、适量性。物流仓储区利用物联网的自动化设备，提高了放置商品的自由性和仓储区的利用率，降低了储存成本。物联网的感知层发挥其信息共享和协同工作效能，与相关企业在供应链各流程中的同步集成，及时获得相关数据信息，了解市场的真实需求，有效控制供应链各环节的库存数量，降低供应链上下游合作企业之间的库存和资金占用，提高了物流系统的整体效率，降低了总成本。

3.利用物联网技术改善客户体验

物联网技术正以前所未有的速度改变着各行各业，通过整合各种智能设备和传感器，物联网技术能够实时收集、分析和处理数据，为客户提供更加个性化、高效和便捷的服务，极大地改善了客户体验。物流企业利用物联网技术需要不断探索和创新，在客户服务领域的应用更加广泛和深入，将物联网技术与自身的业务模式和战略相结合，以提供更加优质和高效的客户服务体验。

物联网技术改善客户体验表现在能够通过收集和分析客户的行为数据，如在零售领域，商家利用物联网技术追踪客户的购物习惯和偏好，从而为他们推荐符合其需求的商品和服务。利用智能化特性在智能家居领域，客户使用智能手机或语音助手便可控制家中的智能设备，享受更加便捷和舒适的生活。利用物联网设备收集的数据，物流企业可以及时发现潜在问题，并能够及时解决问题，确保货物按时送达并满足客户要求以此来提高客户满意度。由于物联网技术的问世，智能手机、平板电脑等设备越来越普及，客户可以随时随地访问企业的服务系统，查询订单状态、支付账单、下载产品说明书等，还可以实现自助结账、自助取货等功能，提高客户的购物体验和便利性，也增强了客户与企业的互动体验，通过智能设备企业交流和互动，分享使用心得和反馈意见，企业也可以加大创新服务，如智能家居设备的订阅式服务、基于位置信息的广告推送等。物联网技术也为客户提供了更加便捷的物流配送服务，如通过无人机或自动导航车辆实现的快速配送，既快速又准确的交付服务，进一步满足了客户的多样化需求，节约了时间成本，也让客户缩短了等待时间。

4.物联网技术推动物流行业的创新发展

物联网技术的应用为物流行业带来了变革性的影响，也推动了物流行业的创新发展。它为物流行业提供了新的商业模式和服务模式，促进了物流行业的数字化转型和智能化升级，推动了物流行业的跨界融合和创新发展，如智能仓储、智能配送等，为物流行业带来了新的发展机遇和挑战。

物联网技术在以下方面为物流行业的创新发展助力：

在智能化领域，物联网技术依托对数据信息进行收集、整理、分析等智能化处理的过程，将货物与物流公司、客户连接，客户借助手机等智能终端实时查询货物的位置和状态等信息，物流公司根据客户的需求和偏好提供更加个性化的服务，有效地实现了信息共享和互动。

在绿色环保与可持续发展领域，物联网技术优化了物流路线和运输方式，减少能源消耗和碳排放，并且通过对物流过程的实时监控，减少了资源浪费和环境污染，进一步推动物流行业的绿色转型。

在技术融合与创新发展领域，物联网技术与人工智能、大数据、区块链等技术的结合，形成了更高效的物流运作和更智能的决策支持，为物流行业的创新发展提供了更广阔的空间。

二、物联网技术的具体应用

（一）RFID技术在库存管理中的应用

在库存管理领域，传统的纸质记录和人工操作方式已经难以满足现代企业对高效、准确、实时的管理需求。随着物联网技术的快速发展，RFID技术是一种非接触式的自动识别技术，逐渐被广泛应用于库存管理中，为企业带来了革命性的变革。RFID技术是一种通过无线电波进行非接触式数据传输的自动识别技术。它主要由标签（Tag）、读写器（Reader）和天线（Antenna）三部分组成。标签附着在物品上，存储着物品的相关信息；读写器通过天线发送射频信号激活标签，并读取或写入标签中的数据；天线则用于传输射频信号。RFID技术具有识别距离远、读取速度快、容量大、可重复使用等优点，因此在库存管理中具有广阔的应用前景。

1.实时追踪与定位

通过RFID技术可以对库存物品进行实时追踪与定位。在物品上附着RFID标签，企业可以实时掌握物品的位置、数量、状态等信息。读写器通过无线方式与标签进行通信，将读取到的数据上传至库存管理系统，实现对库存物品的实时监控。这种实时追踪与定位功能，使得企业能够迅速响应市场需求变化，优化库存布局，提高库存周转率。

2.自动化盘点与数据采集

传统的库存盘点工作需要大量的人力投入，且容易出错。而RFID技术可以实现自动化盘点与数据采集，大大地提高了盘点的效率和准确性。企业只需在仓库内布置一定数量的读写器和天线，即可实现对库存物品的快速读取和统计。RFID技术还可以与其他自动化设备相结合，如AGV（自动导引车）等，实现库存物品的自动化搬运和整理。

3.智能分析与预测

RFID技术可以收集大量的库存数据，为企业的智能分析与预测提供有力支持。通过对历史数据的挖掘和分析，企业可以预测未来一段时间内的市场需求变化，从而提前进行库存调整和优化。RFID技术还可以结合大数据分析技术，对库存数据进行深度挖掘和分析，及时发现潜在的库存风险和问题，为企业制定更加科学的库存管理策略提供有力依据。

4.提高管理效率和降低成本

RFID技术在库存管理中的应用，显著地提高了管理效率和降低成本。一方面，通过实时追踪与定位、自动化盘点与数据采集等功能，企业可以减少对人工的依赖，降低人力成本；另一方面，通过智能分析与预测功能，企业可以更加准确地把握市场需求变化，减少库存积压和浪费现象的发生，从而降低库存成本。

（二）传感器技术在环境监测中的应用

随着人类活动对环境影响的加剧，环境监测变得越发重要。传感器技术，一种能够实时、准确、连续地获取环境信息的关键技术，并按照一定规律将其转换成可用输出信号的装置或系统。在环境监测中，传感器技术主要用于测量和监测各种环境参数，如温度、湿度、气压、风速、风向、光照、水质、空气质量等。其特点是测量精度高、响应速度快、稳定性好、可连续工作等，能够满足环境监测对数据的准确性和实时性的要求，当前已经在环境监测领域得到了广泛应用。

1.大气污染监测

大气污染监测是环境监测的重要组成部分，借助传感器技术通过气体传感器、颗粒物传感器及气象传感器为监测大气污染工作提供了保障。通过气体传感器实时监测大气中各种污染气体的浓度，如二氧化硫、氮氧化物、一氧化碳、臭氧等，直接准确地了解大气污染的程度和变化趋势，为制定相关有针对性的环保政策提供依据。通过颗粒物传感器实时监测大气中颗粒物的浓度和粒径分布。由于颗粒物是大气污染的主要来源之一，且对人体健康和环境质量都有严重影响。而通过颗粒物传感器，可以全面了解颗粒物的污染程度和来源，进一步制定有效的治理措施。通过气象传感器实时监测大气中的温度、湿度、气压、风速、风向等气象参数。这些参数对大气污染物的扩散和传输有重要影响，利用气象传感器预测大气污染物的扩散趋势，为环境管理和控制提供参考。

2.水质监测

水质监测是保障水资源安全和生态环境健康的重要手段。借助传感器技术通过水质参数传感器、重金属传感器及生物毒性传感器为保障水资源的安全和生态环境的健康工作提供了新手段、新模式。水质参数传感器可以监测水体中的温度、pH、溶解氧、电导率、浊度、叶绿素等参数。这些参数对评价水质状况的指标是极其重要的。通过这些参数可以实时了解水体的质量状况，及时发现污染问题并采取相应措施。社会不断发展，重金属也成为水体中的主要污染物之一。重金属传感器能够实时监测水体中重金属的浓度和种类，通过重金属传感器，可以了解水体中重金属的污染程度和来源，为制定有针对性的治理措施提供依据。生物毒性传感器能动态监测水体中生物毒性的变化，直接反映水体对人类和生态环境的潜在威胁，全面实时了解水体的生态安全状况，为制定环保政策提供参考。

3.土壤环境监测

土壤是生态系统的重要组成部分，土壤环境的质量直接关系到农产品的安全、生态系统的稳定和人类健康。利用土壤参数传感器对土壤中的温度、湿度、盐分、酸碱度等参数进行实时监测，确保土壤的质量和变化趋势不超过标准线，加强土壤资源的可持续利用。利用重金属传感器实时监测土壤中重金属的浓度和种类，准确分析土壤中重金属的污染程度和来源，进一步优化治理措施。利用微生物传感器对土壤中微生物的数量和种类进行分析、收集。将对土壤肥力和生态功能有影响的微生物进行处理，保障土壤生态系统的健康状况和稳定性，提高对土壤资源的保护和利用。

（三）无线网络技术在数据传输中的应用

随着信息技术的飞速发展，无线网络技术已成为现代社会中不可或缺的一部分。它以其独特的优势，如便捷性、移动性和灵活性，为数据传输提供了全新的模式。无线网络技术是一种利用无线电波、红外线、激光等传输介质，实现设备间无线连接和数据传输的技术。它摆脱了传统有线网络的物理连接限制，使得数据传输更加灵活、便捷。

1.家庭与办公网络

在家庭和办公环境中，无线网络技术得到了广泛应用。Wi-Fi是最常见的无线网络技术之一，已经成为家庭和办公室中不可或缺的通信方式。通过Wi-Fi，用户可以轻松地将各种设备连接到互联网，实现数据共享和远程访问。据统计，截至2024年，全球Wi-Fi设备数量已超过数十亿台，展示了其在家庭与办公网络中的普及程度。

2.移动通信

移动通信是无线网络技术在数据传输中的另一个重要应用。随着移动通信技术的不断发展，从2G到3G、4G再到5G，数据传输速度不断提升，网络覆盖范围也不断扩大。5G技术以其高速、低延迟、大容量的特点，为移动通信领域带来了革命性的变革。通过5G网络，用户可以享受到更流畅的视频通话、更高清的在线视频、更快速地下载速度等优质服务。

3.物联网应用

物联网是无线网络技术的重要应用领域之一。通过将各种设备连接到互联网，物联网实现了设备间的数据共享和智能控制。在物联网中，无线网络技术发挥着至关重要的作用。ZigBee、蓝牙等短距离无线通信技术被广泛应用于智能家居、智能城市、工业自动化等领域。这些技术可以实现设备间的无线通信和数据传输，为物联网的发展提供了有力支持。

4.公共安全与应急通信

在公共安全与应急通信领域，无线网络技术也发挥着重要作用。宽带自组网技术可以为公安、消防、救护等应急部门提供高速、可靠、安全的通信网络。在紧急情况下，这些部门可以通过无线网络快速响应和协调，保障人民的生命财产安全。无人机、卫星通信等无线网络技术也被广泛应用于灾害救援、边境巡逻等领域。

5.远程教育与医疗

在远程教育和医疗领域，通过无线网络技术，学生可以在家中接受远程教育服务，医生可以进行远程诊断和治疗。这种新模式打破了地域限制，使得优质教育资源和医疗资源得以更广泛地传播和应用，医疗影像传输、远程手术指导利用无线网络技术也取得了更加便捷的应用形式。

第二章
智能仓储管理

当前，我国的仓储企业准确把握了智能化的发展契机，充分利用了互联网技术发展的条件，通过挖掘海量的物流信息，实现对物流的决策管理。但是我国当前的仓储智能化还存在一些不足，特别是在物流环节中，关于优化物流智能化决策等相关技术还处于研究阶段。在物流行业快速发展的同时，决策管理却难以跟进，管理决策缺乏科学性，导致企业利润下降，没有更多的资金技术投入科技研发中，无法很好地顺应时代发展潮流。在现代全球化的商业环境中，企业面临着从各个方面来优化运营和提高效率的挑战，智能仓储物流管理系统的重要性越来越明显，其将最新的技术与物流操作相结合，以增强企业的竞争优势，提高仓储管理的效率和准确性。

智能仓储管理是一种集成了物联网、大数据、云计算等先进技术的仓储管理工具，旨在实现对仓库内物资的全流程、全方位、全生命周期的智能化管理。智能仓储管理通过引入先进的信息技术、物联网技术、大数据分析和人工智能等技术手段，对仓库内部各个环节进行实时监控、动态管理，从而实现对物资的高效存储、快速出入库和精准管理。

智能仓储管理具有信息化、自动化、智能化、精准化等特点，通过建立完善的仓储管理系统，实现对仓库内物资的实时监控、动态管理，提高信息的透明度和可用性。引入自动化设备和机器人技术，实现货物的自动存取、搬运和分拣，减少人工操作。通过物联网技术实时监控仓库内部的温度、湿度、货物位置等信息，并利用大数据分析为管理者提供决策支持，实现仓库的智能化管理。利用RFID、条形码等技术对货物进行精确追踪和定位，确保货物在仓库内的位置准确无误，提高库存管理的精准度。

智能仓储管理能够提高工作效率、降低运营成本、减少人为错误并保障物资安全。通过物联网技术实时监控仓库内的各项数据，并利用大数据分析工具进行数据分析，根据仓库内的实际情况，利用智能调度机器人和自动化设备进行货物的存取、搬运和分拣，优化仓库作业流程。通过精确的货物追踪和定位技术，实现库存的实时更新和管理，确保库存数据的准确性和可靠性，减少人为错误。当仓库内的某项数据出现异常时，系统能够自动发出预警或报警信息，及时发现潜在的安全隐患并采取措施，提醒管理者及时处理。为管理者提供决策支持，保障物资的安全。

物联网在仓储管理中的角色与价值

仓储管理涉及货物的储存、保管、出入库等环节，是物流链条中不可或缺的一环，对于提高物流效率、降低成本、优化资源配置等方面都具有重要作用。仓储环节是连接生产和消费的桥梁，通过有效的仓储管理，可以确保货物的及时供应和顺畅流通，从而保障整个物流系统的正常运行。通过对仓库内物资的合理规划和配置，实现资源的优化配置和高效利用。例如，通过优化仓库布局和货物存储方式，可以提高仓库的存储密度和货物周转率；通过引入自动化设备和智能技术，可以提高仓库的作业效率和准确率。这些都有助于实现资源的最大化利用和降低运营成本。仓储管理对库存实时监控和动态调整，确保库存数量的合理性和稳定性，避免库存积压或不足的情况发生。这不仅可以降低库存成本，还可以提高资金的利用率。通过合理规划仓库布局、优化货物存储和拣选流程，仓储管理可以提高订单处理的效率和准确性。例如，采用先进的仓储管理系统和自动化设备，可以实现快速准确的货物定位和拣选，缩短订单处理时间。仓储管理可以避免物流过程中的等待和拥堵，提供及时供应的能力。通过与供应商和分销商之间的紧密配合，缩短物流时间，提高物流的快捷性和敏捷性。通过集中管理货物和整合运输资源，仓储管理可以降低运输成本。例如，将小批量、分散的货物进行集中存储和配送，可以形成规模化的运输，降低单位运输成本。减少订单处理和配送环节的错误和延误，避免不必要的返工和补发，从而降低错误和延误成本。

一、物联网在仓储管理中的作用

（一）提高仓储效率

利用物联网技术提高仓储效率，是现代物流领域的一项重要举措。物联网技术通过集成传感器、RFID标签、无线通信等先进技术，实现了对仓储过程中各个环节的实时监控和智能化管理，从而显著提高了仓储效率。

通过物联网技术收集货物的位置、状态、数量等关键信息，利用无线通信技术将这些数据实时传输到仓储管理系统。而仓储管理系统对这些数据进行处理和分析，为管理人员提供准确的库存报告、货物追踪和预测分析等功能，提高更加明智的决策效率和仓储效率。仓储管理人员可实时掌握库存情况，包括货物的数量、种类、位置等。并且通过实时监控库存数据，仓储管理系统可以自动触发补货流程，确保货物充足，避免因库存不足而导致的订单延迟和客户不满。对库存数据进行分析，预测未来的需求趋势，为管理人员提供合理的补货建议，从而优化库存结构，降低库存成本，推动仓储作业的自动化和智能化。例如，通过AGV等自动化设备，可以实现货物的自动运输和堆垛，减少人工搬运和堆垛的工作量，提高作业效率。通过RFID标签等设备，可以实现对货物的实时追踪和定位。当货物进入仓库时，通过RFID读取器可以自动识别和记录货物的信息，包括种类、数量、位置等，管理人员可以随时随地掌握货物的状态和位置，提高货物追踪的精度和效率。在仓库内部安装摄像头、传感器等设备，实时监控仓库的情况，发现异常情况应及时报警，或与门禁系统、防火系统等安全设施集成，实现对这些设施的远程监控和控制，提高仓库的安全性。通过自动化和智能化作业流程，员工可以更加专注于复杂和创造性的工作，减少重复性劳动和人为错误，帮助员工更好地了解自己的工作表现和业务状况，提高工作人员的工作积极性和满意度。

（二）确保存储准确性

物联网技术的兴起，为物流存储提供了一种全新的模式，物联网技术在库存管理中的应用为企业带来了显著的优势和效果。通过精确的数据采集、实时的数据监控、自动化操作以及预测性分析与决策支持等功能，物联网技术能够确保存储的准确性并优化库存管理。这将有助于降低企业的运营成本、提高客户满意度和市场竞争力。

物联网技术通过集成各种传感器、RFID标签、无线通信技术以及大数据分析等手段，为库存管理提供了全方位的智能化支持。物联网技术能够实时采集库存数据，包括库存数量、位置、状态等，并通过无线通信技术将数据传输到中央处理系统。这使得管理人员能够随时了解库存情况，及时发现并处理异常情况。通过RFID技术，物联网系统能够自动识别并追踪每一件库存物品。当物品进入或离开仓库时，RFID读写器会自动读取物品上的RFID标签信息，并将数据传输到系统中。这大大减少了人工操作的错误率。物联网技术通过大数据分析技术进行预测性分析，管理人员根据分析结果，预测未来的库存需求、销售趋势等，从而制订合理的库存计划和补货策略。

利用物联网技术优化库存管理，采集数据精确、实时监控以及自动化操作等手段，使得企业能够更准确地掌握库存情况，做出更合理的库存决策减少人工操作的错误率，降低人力成本。利用预测性分析和预防性维护等功能，企业可以提前发现问题并采取措施，避免因问题扩大而导致的损失。这些都有助于降低企业的运营成本。并且更准确地预测市场需求和销售趋势，及时补货以满足客户需求。这不仅有助于提高客户满意度和忠诚度，增强企业的市场竞争力，还可以通过库存管理的自动化和智能化，简化管理流程。管理人员可以更轻松、方便地管理库存，提高工作效率。

（三）优化库存控制

库存控制是物流行业运营管理的核心环节，关系到企业的资金占用、运营成本，也直接影响到物流行业的市场竞争力和客户满意度。许多物流行业利用物联网技术优化库存控制，以实现库存的实时管理、自动化操作和数据分析预测等功能。

1.物联网技术在库存控制中的应用

物联网技术通过传感器对货物的温度、湿度、重量等多种数据进行实时监测，使得仓储管理人员可以随时了解货物的状态，对异常情况及时做出处理，确保货物的质量和安全。通过RFID技术，可以对货物进行全程追踪，提高货物的安全性和溯源性。例如，在葡萄牙里斯本的一家鞋子和配饰商店FlyLondon中，利用物联网RFID系统，商店管理者能够实时了解存货情况、销售商品以及需要再订购的商品，从而实现了库存的实时监测和追踪。进一步与自动化技术的结合，使仓储操作更加智能和高效。自动化堆垛机、机器人等可以根据物联网传感器的数据来自动执行货物的存储和取出操作，减少了人力成本，提高了操作速度和准确性。智能仓储系统还根据库存情况自动调配货物，形成最佳的存储布局。自动化的仓储操作不仅提高了工作效率，还降低了人为因素造成的错误。提高设备的可靠性和减少停工时间，利用监测设备的运行状态和传感器数据，系统可以预测设备可能出现的故障，并提前进行维护，减少了突发故障的发生，降低维修成本，保障仓储操作的连续性。在货架和货物上安装RFID标签等传感器，实时监测库存的数量和位置，当库存达到设定的阈值时，系统运行自动触发补货的流程，确保货物充足。将大量的数据进行采集和存储对仓储库存进行预测和优化，如根据历史数据和市场需求，预测某种货物的销售量，合理安排当前库存，避免库存积压或缺货的情况发生。

2.物联网优化库存控制的效果

利用物联网技术使得库存控制更加精准和高效，减少了库存积压和缺货的风险。通过实时监测和追踪，仓储管理人员可以及时了解货物的状态和需求，从而快速响应市场需求，提高库存周转率，降低了人力成本和维修成本。通过数据分析与预测，合理安排存储量，减少资金占用和积压库存的情况，进一步降低运营成本。物联网技术还可以及时满足客户需求，通过实时监测和追踪，确保货物的质量和安全，提高客户满意度和忠诚度。利用物联网技术优化库存控制，企业可以提高生产效率和降低成本，从而增强市场竞争力，帮助企业做出更明智的决策，抓住市场机遇，快速发展。

二、智能仓储与物联网

（一）物联网在仓储管理中的具体应用案例

物联网技术在仓储管理领域带来的智能化、自动化变革，不仅实现了仓储管理的智能化和无人化，也极大地提高了仓储效率，降低了成本，为仓储行业树立了新的标杆。

1.亚马孙的无人机配送与智能仓储系统

亚马孙是全球最大的电子商务平台之一，一直致力于利用物联网技术提高仓储和配送效率。消费者对物流配送的效率和速度提出了越来越高的要求。传统的物流配送方式受到交通拥堵、人力成本高昂等因素的限制，难以满足消费者对快速配送的需求。而与物联网技术的不断融合为解决这些问题提供了新的思路，其中，无人机配送和智能仓储系统是两大亮点。

（1）无人机配送

亚马孙的无人机配送服务始于2013年，当时公司提出了名为“Prime Air”的无人机快递项目。经过多年的研发与试验，亚马孙在无人机配送领域取得了显著的进展。目前，亚马孙的无人机配送服务已经覆盖了美国和英国的部分地区，并计划逐步扩大至更多国家和地区。亚马孙的无人机配送服务主要通过其自主研发的Prime Air无人机完成，该无人机具备自动驾驶、快速配送等特点，能够在短时间内将包裹送达消费者手中。

运用物联网技术实现对无人机的实时监控和数据传输。消费者下单后，系统会自动判断订单是否满足无人机配送的条件，若满足，则派出无人机进行快速配送。无人机配备了高清摄像头、传感器等设备，能够自主导航、避障，确保货物安全送达。据统计，亚马孙的无人机配送服务在某些地区已经实现了从下单到收货仅需几分钟的极速体验。

（2）智能仓储系统

亚马孙的智能仓储系统利用物联网技术实现了对货物的实时监控和智能化管理。它通过RFID、传感器等技术，实时收集货物的位置、数量、状态等信息，并上传至云端进行处理和分析。智能仓储系统还具备预测功能，能够根据历史数据和消费者购买习惯，预测未来一段时间内的销售趋势，从而提前进行货物调配和库存优化。这不仅减少了库存积压和浪费，还提高了货物的周转率和客户满意度。

当前，智能仓储系统已经运用到多行业中，在电商行业中，利用智能仓储系统满足电商行业高频次、高速度、高密度的订单处理需求，有效提高仓库作业效率和客户满意度。在制造业中，利用智能仓储系统实时监控原材料和成品的库存情况，使物料的管理更直观、更准确，增加制造业的生产力。

在医疗行业中，利用智能仓储系统保障药品的合规性，避免过期、丢失等情况的发生，保证医疗用品的安全性和有效性，让客户买得放心、用得安心。

2.京东物流的无人仓与无人驾驶配送车

京东物流是中国领先的电商物流企业，也在积极探索物联网技术在仓储管理中的应用，为应对快速增长的电商业务需求而推出了多种新型仓储模式。其中，无人仓和无人驾驶配送车是两大创新点。

（1）无人仓

京东物流的无人仓利用物联网技术实现了仓库内货物的自动化存储、分拣和配送，它采用了多种前沿技术，包括自动立体式存储、3D视觉识别、自动包装、人工智能和物联网等，实现了各种设备、机器、系统之间的高效协同。并且在无人仓内配备了穿梭车、拣选机器人等自动化设备，能够根据系统指令自动完成货物的搬运、拣选和打包等操作。同时，无人仓还引入了大数据分析技术，对仓库内货物的流动情况进行实时监控和分析，从而优化货物的存储和分拣策略。

无人仓通过海量数据和智能算法进行深度学习，对商品的销售速度、地理位置、口味等因素进行分析，从而得出最优的存储和拣货方案。因为无人仓拥有近千个储存仓位，而采用自动化仓储系统，将无人化的存储、仓内管理和出库操作实施得恰到好处。在商品被下单后，无人仓内的自动化设备又会根据数据分析提前准备好所需商品，并将其运送至拣选区，由机器臂进行拣选和组装，最后送至出库口，并完成最后的配送环节。

京东物流无人仓的建筑面积达到40000平方米，单日分拣量高达20万单，显示了其强大的处理能力和高效的运营效率，并联机器人拣选速度为3600件/小时，充分展现了京东无人仓在自动化方面的技术优势，通过对无人仓的大量投入和利用，减少了人工干预，降低了人工成本。数据显示，京东物流的无人仓相比传统仓库，效率提高了近50%，成本降低了30%。

无人仓通过自动化和智能化的操作，有效预测库存需求，减少了库存积压和浪费，进一步降低了物流成本。京东无人仓的使用让消费者能够享受到更加快速、准确的配送服务，也确保了商品的质量和安全性，提升了消费者的购物体验。

（2）无人驾驶配送车

京东物流的无人驾驶配送车是另一项物联网技术在仓储管理中的应用案

例。该配送车配备了激光雷达、距离传感器、相机等传感器设备，能够实现自动驾驶和避障功能。配送车还具备智能路线规划和车队调度功能，能够根据系统指令自动规划最优路线，并与其他配送车辆进行协同作业。

无人驾驶配送车的投入使用，不仅提高了配送效率和服务质量，还降低了人工成本和安全风险。无人驾驶配送车具备的实时更新包裹位置和状态信息的功能，让消费者可以随时掌握配送进度，也提高了消费者的购物体验。数据显示，在全国有30座城市已经投入运营超700台无人车，为消费者提供“最后一公里”和“最后100米”末端配送服务，展现了其广泛的覆盖能力和高效的配送效率。

无人驾驶配送车的类型有以下几种：大型无人配送车，大约1人高，能容纳几十个快件，适用于城市主干道的配送任务。车顶搭载1个16线激光雷达，车身周围搭载3～4个单线激光雷达以及多个摄像头，可全方位地感知周围环境；中型无人配送车，大约半人高，采用差分GPS和摄像头作为传感器，适用于社区、校园等区域的配送任务，车辆前方还安装了双目摄像头以及全景摄像头，车身周围和后方也有摄像头观察行人和路况；小型无人配送车，同样有半人多高，适用于狭窄的街道和复杂的路况，并且配备了先进的传感器和算法，能够灵活应对各种突发情况。

相比传统的人工配送方式，无人驾驶配送车能够24小时不间断地工作，并且不受恶劣天气和交通状况的影响，提高了配送的准确性和安全性。通过物联网技术的传感器和云平台算法，无人驾驶配送车能够准确地感知周围环境并做出决策，避免了人为因素导致的错误和事故。一些物流行业使用这种新型的无人驾驶配送车的配送方式不仅提升了用户体验和品牌形象，为用户带来更加便捷、高效的购物体验，也展现了京东利用物联网技术在物流领域的创新实力和技术水平。

3.飞利浦的智能仓库管理系统

飞利浦的智能仓库管理系统是一个集成了物联网、云计算、大数据、人工智能等先进技术的综合性解决方案，它构建了一个实时数据监控系统，能够实时监测仓库的温湿度、货物存储情况、货物移动情况等信息，还通过对物联网技术的应用，实现了仓库的智能化管理和高效运营，提高了货物的周转率和客户满意度。系统还配备了自动化设备，如自动搬运机器人、自动堆高机等，能够实现货物的自动存储、拣选和搬运等操作。

飞利浦珠海工厂是一个生产电动剃须刀、电动牙刷等高端产品的工厂。采用了海柔创新的库宝系统（HAIPICK），实现了自动化仓储和智能拣选。库宝系统能够智能识别入库零部件，进行搬运、存储等一站式入库流程处理。出库时，库宝机器人可根据产线要求，将拣选的货物放置于缓存货架，由工人根据灯光进行分拣。这一系统极大地提高了工作效率，降低了人力成本。并且飞利浦在全球范围内的多个仓库也采用了智能仓库管理系统。该系统通过实时数据监控和智能算法，实现了对全球仓库的集中管理和优化。该系统还支持多语言、多货币、多税率等功能，满足了全球市场的不同需求。

飞利浦的智能仓库管理系统与CTU、AGV等高度集成，使得作业效率提高了60%，极大地提高了生产效率和物流效率。通过RF设备、条码化采集信息，飞利浦的智能仓库管理系统实现了实时库存监控和准确记录，库存准确率高达99.9%，减少了库存误差和浪费。其智能仓库管理系统能够快速、准确地响应客户需求，提高了客户满意度和忠诚度，为企业带来了更多的商业机会和收益。该系统逐渐成为公司战略转型的重要组成部分，还加速了公司向数字化、智能化转型的步伐，为公司未来的发展奠定了坚实的基础。

（二）如何通过物联网技术提高仓储效率与准确性

物联网技术通过实现物品与互联网的连接，为仓储管理带来了前所未有的便利和效率，引入更先进的传感器和算法，对环境监控和货物跟踪更精细化；引入更多的人工智能技术、更智能化的仓储操作和决策支持，推动仓储行业向更加高效、准确和智能的道路发展。

物联网技术提高仓储效率与准确性的具体策略有以下几种：

1.引入智能存储系统

智能储存系统是通过自动化、智能化手段实现货物的入库、出库、存储等操作，采用了先进的自动化设备和技术，自动化完成货物的搬运、堆垛、拣选等操作，减少人力成本，提高操作效率。系统通过物联网技术实现与仓库管理系统的无缝对接，实现数据的实时共享和智能分析，为仓储管理提供有力支持。依托传感器、RFID等技术对货物的状态、位置等信息进行实时监测，确保仓储管理的实时性和准确性。

在选择智能存储系统时，需要考虑仓库的实际情况和需求，包括货物的种类、数量、存储方式等，还需要考虑系统的可扩展性、兼容性和稳定性等因素，确保系统能够满足未来的发展需求。充分利用现有资源，如仓库设施、设备、人员等。通过合理规划和配置，让智能存储系统与现有资源相结合，将资源最大化利用。

在物联网设备的选择上，多考虑设备的类型、数量、位置等因素，确保设备能够全面覆盖仓库的各个区域，实现数据的实时采集和传输。在引入智能存储系统后，需要进行系统测试和优化，确保系统的稳定性和可靠性。通过模拟实际操作场景，测试系统的各项功能和性能指标，发现问题并及时解决。

引入智能存储系统，通过选择合适的系统、整合现有资源、部署物联网设备、建立智能仓储管理系统以及进行系统测试和优化等步骤，充分发挥了智能存储系统的优势，提高了仓储效率与准确性，降低了库存成本，提高了客户满意度，为仓储管理带来显著的效益。

2.部署智能机器人

智能机器人凭借其自动化、智能化、精准化的特点，助力仓储行业的发展。它自主执行货物的搬运、堆垛、拣选等操作，减少了人力成本，提高了作业效率。采用了先进的导航和定位技术，准确识别货物的位置、数量等信息，减少了人为错误。并且通过物联网技术实时与仓储管理系统进行数据交互，共享和更新数据信息。

部署智能机器人是要根据仓库的实际情况，明确需要引入智能机器人的作业环节，如入库、出库、拣选等，分析现有作业流程的“瓶颈”和痛点，确定选择的智能机器人的功能和性能指标，多方面考虑智能机器人的载重能力、运行速度、导航方式等因素，确保机器人能够适应仓库的复杂环境，最后选择符合要求的智能机器人型号和供应商。在仓库内部合理规划机器人的运行路径和停靠点，定期对智能机器人进行调试和测试，确保其能够准确识别货物、执行搬运等操作。将智能机器人与仓储管理系统进行集成，实现数据的实时共享和更新，及时向系统反馈作业进度和异常情况。建立一个智能机器人的监控系统，发现有问题的智能机器人，及时进行维护和保养，确保其处于良好的工作状态。

智能机器人通过自动执行搬运、堆垛等操作，大大减少了人力成本和时间成本，提高了仓储效率。采用先进的导航和定位技术准确识别货物的位置、数量等信息，减少了人为错误和误差。与仓储管理系统进行数据交互，使得仓储管理更加实时和精准。智能机器人还可以承担一些繁重、危险的任务，减少了人工操作的风险和伤害。

3.实现物流信息自动化

物联网技术手段的引入，推动了物流信息的自动化进程，使得货物运输、配送等流程更加高效、准确。而云计算技术为物流信息自动化提供了强大的数据处理和存储能力，它将物流信息存储在云端服务器上，实现了数据的实时共享和访问。这使得物流企业能够随时随地获取物流信息，进行数据分析和决策支持。还为物流企业提供弹性的计算和存储资源。在物流高峰期，云计算平台可以根据需求自动调整计算和存储资源，确保物流系统的稳定运行。这种弹性资源的管理方式，大大降低了物流企业的IT成本，提高了运营效率。

在货物运输过程中，利用物联网设备实时记录货物的位置、状态、温度等信息，并通过网络传输到中央管理系统。让物流企业能够实时掌握货物的运输情况，及时调整运输路线和配送计划，提高运输效率。安装RFID标签和传感器，当货物进入或离开仓库时，系统会自动记录货物的信息，并更新库存数据，大大提高了仓储管理的准确性和效率。

物流信息自动化得以实现，主要通过物联网和云计算技术的结合，使得物联网设备采集的物流信息可以通过网络传输到云计算平台进行处理和分析。例如，在货物运输过程中，物联网设备可以实时记录货物的位置、速度和状态等信息，并通过网络传输到云计算平台上，云平台对这些数据进行处理和分析，预测货物的到达时间和运输风险，并为物流企业提供最优的运输路线和配送计划。通过物联网设备实时采集仓库内货物的信息、云计算平台进行自动更新库存数据，并为仓储管理人员提供实时的数据报告和分析工具，及时了解库存情况，调整仓储布局，优化库存管理。

三、物联网对仓储成本的影响

（一）减少人力成本

物联网技术通过实时监控与自动化控制、库存管理与优化、智能安防系统以及物流追踪与管理等方式，显著提高了仓储作业的自动化和智能化水平，降低了仓储作业对人工的依赖，从而减少人力成本。

物联网技术助力人力成本降低在各个方面的体现。物联网的应用让仓库管理系统更加智能化。利用传感器及网络设备，智能仓库对仓库温度、湿度、光照等各项指标进行实时监控，并实现自动化控制能力。例如，利用自动化存储和取货系统、无人机、自动化堆垛机、机器人等设备可以根据物联网传感器的数据来自动执行货物的存储和取出操作，提高了操作速度和准确性。据相关统计，自动化技术的应用可以使仓储人力成本降低30%～50%。物联网技术也使得仓储行业的库存管理更加智能化。物联网技术还为仓库提供了智能安防系统，在仓库内部和外部安装摄像头、传感器和警报智能系统，可以实时监控和预防可能发生的盗窃、火灾和其他安全事件，提高了仓库的安全性，减少了对安全人员的依赖，减少了因安全事故而导致的额外成本。

（二）降低库存积压与滞销风险

物联网技术的不断发展改变了传统的库存管理方法依赖人工预测和判断的形式，通过实时数据监控与分析、自动化补货系统、智能库存调配以及精准营销与促销等策略，利用集成传感器、RFID标签、GPS定位等设备，对物流仓储全过程进行数据采集，实时记录货物的位置、数量、状态等信息，并通过网络传输到中央管理系统，让物流行业能够准确预测市场需求，从而有效降低库存积压与滞销的风险。

物联网降低库存积压风险的策略有以下几种：一是实时收集库存数据，并通过云计算等手段进行大数据分析。例如，在市场需求增加时，可以提前增加库存量，以满足市场需求；在市场需求下降时，则可以减少库存量，避免库存积压。二是引入自动化补货系统，与仓储管理系统相结合，当库存量低于安全库存水平时，系统会自动触发补货流程，从供应商处采购所需货物。但要注意的是库存量始终应保持在合理水平，避免因库存不足而导致的订单延误或客户流失。三是智能库存调配，对各仓库的库存情况全面掌握，并通过智能算法进行库存调配。当某个仓库库存积压时，系统可以自动将积压货物调配到其他仓库，以实现库存的均衡分布，提高库存周转率。

物联网降低滞销风险的策略有以下几种：一是预测性库存管理，物联网技术实时监测市场需求和库存状态，企业可以预测未来一段时间内可能出现的滞销产品，并提前采取措施进行处理。例如，加大滞销产品的促销力度，或者将其与其他产品捆绑销售，以提高其销售量。二是退货与逆向物流管理，物联网技术通过集成RFID标签和传感器等设备，实时追踪退货产品的位置和状态，并自动进行退货处理和逆向物流的调配，减少因退货导致的库存积压和滞销风险。

（三）提高资产利用率

物流行业利用物联网技术，防止库存积压和缺货现象的发生，提高资产的周转率和使用效率，加强仓储管理系统的建设与应用，以提高自身的竞争力和盈利能力。

通过物联网技术提高物流行业资产利用率的措施有以下几点：一是利用好实时监控与追踪功能。在物流资产上安装传感器，实现对货物、车辆、仓库等资产的实时监控与追踪。收集这些固定资产的位置、温度、湿度、运动状态等信息后，通过无线通信技术将收集的信息传输到后台管理系统，方便实时掌握资产的状态和位置，安排更加精确的物流计划，减少不必要的等待时间，提高资产的利用率。二是引入智能化仓储管理。在货物、货架上安装传感器，可以实时监控货物的位置、数量、状态等信息。结合物联网技术的智能分析功能，可以实现对货物存储模式的优化，提高仓库的存储效率和利用率。进行自动化管理，如自动分拣、自动搬运等，进一步提高仓储管理的效率和准确性。三是加强智能化配送系统运用。在配送的车辆上安装传感器和GPS设备，可以了解追踪车辆的位置、速度、行驶路线等信息。并且结合物联网技术的智能调度功能，对配送车辆进行优化调度，减少配送时间和成本，与交通管理系统相连接，实现路线优化和交通拥堵的避免，进一步提高配送效率。四是进行智能化供应链管理。与供应商、物流企业等多方系统的连接，可以实现对供应链各个环节的实时监控和数据分析，更好地掌握供应链动态，合理调配资源，提高供应链的效率和灵活性。并且加强对供应链风险的预警和应对，降低供应链风险对物流企业的影响。五是通过智能化返程利用资产。与货源信息平台相连接，可以便捷地将返程货物与返程的车辆进行匹配，提高了返程配送效率，减少了运输、运营成本。

智能仓库系统的设计与实践案例

智能仓库系统是指利用现代科技手段，如物联网技术、人工智能技术等，对仓库进行智能化改造，使其能够实现自动化、信息化、智能化的管理和运作。智能仓库系统由仓储设备、仓储管理软件、自动化控制系统和数据采集与传输系统等主要组成部分构成。智能仓库系统可以显著提高货物的存储密度，减少人力资源的浪费，并通过优化仓储布局和自动化操作，提高仓储效率。减少人为错误的概率，确保仓储作业的高效和精准。能够实现库存的精细管理，减少库存积压和库存过多的情况，避免浪费。系统化管理还可以降低人工成本，减少耗材损耗，降低企业运营成本。可以提供更加精准、快捷的仓储服务，满足客户个性化的需求，提升客户体验和满意度，增强企业的竞争优势。能够实时积累和分析大量的仓储数据，为企业提供精准的数据分析和预测，为企业决策提供可靠的参考依据。

随着市场的不断变化和竞争的加剧，企业需要不断提高自身的竞争力。智能仓库系统是企业物流管理的重要组成部分，其设计与实践对于提高物流效率、降低物流成本、确保货物安全等方面具有重要意义。物联网、大数据、人工智能等技术的快速发展为智能仓库系统的设计和实践提供了有力支持。这些技术的应用可以推动智能仓库系统的不断升级和优化，使其更好地满足企业的实际需求。

智能仓库系统需要应用物联网、大数据、人工智能等先进技术，这些技术的应用对企业的技术实力提出了较高要求。智能仓库系统还需要与其他系统实现信息的无缝对接，这也对技术集成能力提出了更高的要求。智能仓库系统的设计和实践需要投入大量的资金、人力和物力，这对企业的资金实力和管理能力提出了较高要求。企业需要充分考虑自身的实际情况，制订合理的投资计划和管理策略，确保智能仓库系统的顺利建设和运行。

智能仓库系统的运行改变了传统的仓储管理模式，实现信息化和智能化的管理。企业需要加强员工的培训和管理，提高员工的信息化和智能化管理水平，确保智能仓库系统的顺利运行。建立完善的安全保障措施，确保智能仓库系统的数据和信息不被泄漏或损坏。

一、智能仓库系统的设计原则

传统的仓库系统是以机械式仓库为主，配备普通货架、人工叉车等机械设备，物流数据采集技术基于仓库管理员手工单据录入的管理模式，登记货物的出入库情况，货物的拣选和盘存等，这种管理模式费时费力，且物流、信息流、单据流均无法实时同步，信息流经常滞后变更甚至漏记、错记。已无法满足现代化仓库管理所要求的及时性、可靠性。而智能仓库系统设计的目的是利用射频识别以及无线局域网（WLAN）技术，设计出一套仓库物资自动化的处理流程，实现物资出入库时物资的登记统计，方便工作人员对物资的管理，构建高效的仓库物资管理系统，节省人力、物力，满足现代仓库管理需求。

（一）灵活性与可扩展性

智能仓库系统需要适应不断变化的业务需求，如新的物品类型、新的存储和运输方式等。而灵活性与可扩展性的设计可以使得系统能够轻松应对这些变化，而无须进行大规模的修改或替换。具有良好的灵活性和可扩展性的智能仓库系统能够降低维护的成本，当系统需要升级或扩展时，可以通过添加新的模块或组件来实现，而无须更换整个系统，这降低了企业的投资风险，还提高了系统的长期效益。通过模块化设计和可扩展性，智能仓库系统能根据实际的需求进行定制和优化，提高系统的运行效率、稳定性和可靠性，从而为物流企业带来更好的经济效益。实现灵活性与可扩展性的设计原则方法：

1.模块化设计

将系统划分为多个相对独立的模块，每个模块负责完成特定的功能，可以降低系统的复杂度并提高可维护性。模块化设计使得系统可以根据实际需求进行扩展或替换模块，以适应新的业务需求。

2.分布式架构

采用分布式架构提高智能仓库系统的可扩展性，将数据和功能分散到多个节点上，可以对大规模数据的处理和访问进一步细化。分布式架构还具有良好的容错性，保障系统的稳定性。

3.云基础架构

利用云服务的弹性和伸缩性能，使得智能仓库系统的快速部署和扩展。云服务提供商根据实际需求提供足够的计算、存储和网络资源，以支持系统的正常运行和扩展。云基础架构对系统的快速备份、恢复，以降低数据丢失的风险。

4.数据模型设计

采用规范化的数据模型可以减少数据冗余并提高数据质量。根据访问模式和查询性能设计合理的数据分区策略，以便在需要时能够快速地扩展或缩减存储空间。

5.标准化与可集成性

遵循相关的标准和规范进行设计，为了确保智能仓库系统与其他系统的兼容性和可集成性统一。采用标准化的接口和协议，将不同系统之间的信息进行共享、交换，提高整个物流系统的效率。

以亚马孙的智能仓库系统为例，该系统采用了先进的机器人技术和物联网技术，实现了对仓库内物品的自动化管理和实时监控。通过模块化设计和可扩展性，亚马孙的智能仓库系统可以根据业务需求进行快速扩展和升级。当需要增加新的存储区域或提高运输效率时，通过添加新的机器人和自动化设备来实现这个需求。正是因为这种灵活性和可扩展性才使得亚马孙能够快速地适应市场的变化并满足客户的需求。

（二）安全性与可靠性

智能仓库系统是一个集成了物联网、自动化、人工智能等技术的综合性管理系统。它通过实时数据采集、处理和分析，对仓库内货物、设备、人员等进行全面监控和管理。智能仓库系统的主要功能包括货物入库、存储、出库、盘点、查询等，以及设备的远程监控和故障诊断，因此需要其设计保证安全性和可靠性。实现安全性和可靠性设计原则方法：

1.物理安全

坚持智能仓库设有完善的物理安全设施的原则，如围墙、门禁系统、监控摄像头等，确保仓库内部和外部的安全。对仓库内部进行分区管理，将不同性质的货物分开存放，以降低安全风险。

2.网络安全

智能仓库系统依赖于网络进行数据传输和交换，因此要更加注重网络安全。采用防火墙、入侵检测系统等网络安全设备和技术，防止黑客攻击和恶意入侵，对系统用户进行权限管理，只有授权的用户才能访问系统。

3.数据安全

由于智能仓库系统中存储着大量的货物信息、人员信息、设备信息等敏感数据，应采用数据加密、数据备份等技术手段，保证数据的完整性和可用性，对数据进行定期审计和检查，防止数据泄漏和滥用。

4.硬件设备可靠性

智能仓库系统中的硬件设备如货架、堆高机、输送线、RFID读写器等。这些设备直接影响到系统的整体性能。在设备选型时多关注品牌和质量，确保设备具有较长的使用寿命和较低的故障率，对设备进行定期维护和保养，及时发现和解决问题。

5.软件系统可靠性

智能仓库系统的软件系统包括数据库、管理软件、监控软件等。这些软件的稳定性和可靠性同样重要。在软件开发过程中，应采用模块化设计、容错设计等技术手段，提高软件的稳定性和可靠性。还应对软件进行定期更新和升级，以适应新的业务需求和技术发展。

6.冗余设计

为了提高系统的可靠性，可以采用冗余设计。例如，可以设置多个数据库服务器、网络设备等，确保在其中一个设备出现故障时，其他设备能够接替其工作。此外，还可以采用负载均衡技术，将请求分散到多个服务器上处理，提高系统的整体性能和可靠性。

智能仓库系统要实现安全性与可靠性的设计，必须制定严格的安全管理制度，明确各级人员的安全职责和权限。加强安全培训和宣传，提高员工的安全意识和技能水平。应采用先进的物联网、自动化、人工智能等技术手段，提高系统的智能化水平和自动化程度，降低人力成本和提高工作效率。还要加强对仓库内部和外部的监控和管理，及时发现和处理各种安全隐患和故障。建立完善的故障处理机制和应急预案，确保在出现故障时能够迅速恢复系统的正常运行。

（三）易用性与可维护性

一个成功的智能仓库系统不仅需要具备高度的智能化和自动化水平，更需要注重其易用性和可维护性。易用性确保了系统能够迅速被用户接受并高效使用，而可维护性则保证了系统的稳定性和持久性。

易用性设计需要直观简洁的用户界面，避免过多的复杂操作和冗余信息。通过合理的布局和清晰的图标，用户能够迅速理解并上手操作。系统应满足不同国家和地区用户的需求，方便使用，可提供多种语言模式。设置帮助文档应详细解释系统的各项功能和操作步骤，并提供常见问题解答。创新模式为用户提供实时的技术支持和解决方案，如电话、邮件、在线聊天等方式。考虑到不同企业的仓库管理需求可能存在差异，智能仓库系统进行自定义配置，允许企业根据自身业务流程和仓库特点进行灵活调整。

可维护性设计应将不同功能模块进行分离和封装。这种设计方式可以降低系统的复杂性和耦合度。某个模块出现故障或需要升级时，可以单独对其进行处理，而不影响其他模块的正常运行。提供完善的监控与诊断工具，以便管理员能够实时监控系统的运行状态和性能数据。当系统出现故障或异常时，这些工具可以帮助管理员迅速定位问题并进行修复。

智能仓库系统要实现易用性与可维护性的设计，需要深入了解用户需求和期望。通过与用户进行沟通和交流，明确用户对系统易用性和可维护性的具体需求和要求，为后续设计提供有力的支持，选用成熟的技术和框架进行开发，降低系统出现故障的概率和维护成本。

二、智能仓库系统的核心技术

（一）物联网技术

物联网技术的发展背景包括技术发展、社会需求和工业应用等多个方面。得益于多项技术的快速发展。无线通信技术的突破，如蓝牙和移动网络，使得设备之间可以无线连接，实现数据的传输和共享。传感器技术的进步，包括温度传感器、压力传感器和加速度传感器等，使得设备能够感知周围环境，并将采集到的数据传输到云端进行处理。云计算和大数据技术也为物联网的实现提供了强大的支撑，能够存储和处理大规模的数据。

物联网技术中的RFID技术为仓库中的每个物品提供唯一的数字身份。当货物经过生产和存储时，这些标签会在关键阶段被扫描，使得管理人员能够实时追踪货物的位置、状态等信息。结合自动化设备和机器人，可以实现货物的自动存取、搬运和分拣。例如，使用六轴机器手臂进行入库、装箱、拣货，或使用智能搬运机器人来递送货物，可以大幅提高拣货效率。当库存达到预警线时，系统会自动通知管理人员进行补货或调整库存，优化库存管理，减少了人力和物力资源的浪费，降低了运营成本。

在智能仓储系统的管理中，物联网技术将通过实时监控、数据分析、自动化、智能化、虚拟现实与增强现实技术以及无人仓库等多个方面的应用，进一步提高仓储管理的效率和准确性，为物流行业的发展带来新的机遇和挑战。主要表现在四个方面：

一是实时监控与数据分析，物联网技术可以实时监控仓库内的各项数据，如温度、湿度、货物位置等，并通过大数据分析为管理者提供决策支持，提高仓库的运营效率。

二是自动化与智能化，随着5G网络的普及和人工智能技术的发展，物联网技术在仓储管理中的应用将更加广泛。机器人和自动化设备将更多地被引入仓储管理中，实现货物的自动存取、搬运和分拣，减少人力成本和错误率。利用人工智能技术将利用物联网技术收集的数据，为仓库管理提供更智能的决策支持。

三是虚拟现实与增强现实技术，虚拟现实和增强现实技术也将改变仓库管理的方式，管理人员可以在数字化的仓库模拟环境中进行培训和练习，提高工作效率和操作准确性。通过增强现实技术，获得实时的仓库数据和操作指导，提高工作效率和减少错误。

四是安全防护技术，通过部署智能安防系统，实时监测仓库的安全状况，如入侵检测、火灾预警等。一旦发现异常情况，系统会自动发出警报并通知相关人员进行处理，确保员工的安全和健康。

（二）数据分析与挖掘技术

智能仓储系统通过集成各种传感器和RFID技术，能够实时监控仓库内的环境参数（如温度、湿度、光照等）和货物状态（如位置、数量、状态等）。这些实时监控数据通过物联网技术传输到中央服务器，为数据分析与挖掘提供了丰富的数据源。数据分析技术可以对这些实时监控数据进行处理和分析，提取出有价值的信息。例如，通过分析仓库内的温度、湿度变化，可以预测货物的存储状态，及时发现潜在的质量问题。而数据挖掘技术则是通过分析历史销售数据和库存数据，可以预测未来的需求趋势，并据此制定库存策略。还可以通过分析货物的运输路径和配送时间，发现最优的配送路线和计划，提高配送效率。

数据分析技术与挖掘技术的核心要点有以下几点：

一是数据采集与整合。智能仓储系统通过物联网设备、RFID技术、传感器等采集仓库内的数据，包括货物位置、库存数量、环境温湿度等，将数据整合至中央数据库，为后续的数据分析提供基础。

二是数据清洗与预处理。在数据采集过程中，由于各种原因可能会产生噪声数据或异常值，在进行分析之前，需要对数据进行清洗和预处理，以确保数据的质量和准确性。

三是数据挖掘与分析。通过运用各种算法和模型，如聚类分析、关联规则挖掘、预测模型等，对仓库内的数据进行深度挖掘和分析，以发现数据之间的关联性和潜在规律。

四是结果呈现与决策支持，数据分析的结果会以可视化的方式呈现给仓库管理者，这些结果包括库存预测、货物流动趋势、员工工作效率等，为仓库管理者提供决策支持，帮助他们制订更合理的库存计划、优化仓储流程和提高员工工作效率。

为了进一步加强数据分析与挖掘技术，要提高库存周转率，从通过数据分析技术实时监控仓库内的货物流动情况中，发现潜在问题并进行解决，可以优化拣货路径和货物摆放位置，减少拣货时间和提高拣货效率；依托数据信息分析和预测库存的需求，有效减少库存积压和降低滞销风险。要提高仓储效率，通过数据分析与挖掘技术对仓库内的各种资源进行优化配置，分析员工工作效率，消除所发现员工工作效率低下的因素；对设备利用率进行进一步分析，发现闲置设备或存在过度使用的情况及时进行调整，降低人力和物力成本。要提升客户满意度，通过数据分析与挖掘技术来优化订单处理流程和提高拣货效率，达到缩短订单处理时间并提高客户满意度的效果。

以某大型电商企业为例，该企业引入了智能仓储系统，通过数据分析技术对仓库内的数据进行深度挖掘和分析。具体来说，该企业运用聚类分析算法对货物进行分类，以便更好地进行库存管理和货物调配；通过关联规则挖掘算法发现货物之间的关联性，从而优化货物的摆放位置和拣货路径；利用预测模型对库存进行预测，以减少库存积压和滞销风险。

（三）自动化与机器人技术

智能仓储系统对仓库的物资进行自动化、智能化的管理和控制，是指利用物联网技术、人工智能等技术手段对物资的快速流转和精准管理，实现了仓库运营的全面智能化，极大地提高了仓库的运作效率和准确性。

自动化技术在智能仓储系统中的应用体现在以下方面：

一是自动化仓储设备。例如，自动化货架设备，通过无缝连接和协同工作，对仓库内物资进行自动存储，大大提高了仓库的操作效率和准确性。

二是自动化物流设备。例如，输送带、堆垛机、拣货机器人等，这些设备可以自动完成货物的运输、堆放和拣货，实现仓库内流程的无人化。以堆垛机为例，它采用激光测距、智能变频控制器等先进技术，实现了水平和垂直方向的精准移动和定位，大大提高了搬运效率。

三是数据采集与分析。智能仓库通过传感器和数据采集设备实时监测和收集库存量、货物位置、设备状态等数据信息，对这些数据的分析和挖掘，预测需求、提前调配资源，进一步提高仓库的作业效率和管理水平。

机器人技术在智能仓储系统中的应用体现在以下两个方面。

一是拣货机器人，它采用计算机视觉技术和机器学习算法根据订单信息自动定位并拣取货物，从而提高拣货的速度和准确性。相比人工拣货，拣货机器人可以在短时间内完成大量的拣货任务，同时减少了人力投入和错误率。

二是无人搬运车。它采用激光雷达和传感器等智能设备，自主规划路径、避开障碍物，并准确无误地将货物送至指定位置。

三、智能仓库系统实践案例分析

（一）案例背景介绍

钢材服务中心，为钢厂与下游用户间提供钢材加工配送服务，已发展得相当成熟，有着规模大、覆盖面广、功能完善、管理先进等优势。随着钢材服务中心的不断发展壮大，传统的物流系统已经无法满足当前不断增多的物流管理工作要求，并且其内部的整体性较弱，功能相对分散，不同单元之间无法进行紧密的衔接，相互之间在业务配合方面存在不小的问题。钢材服务中心对外的采购或者销售、配送工作，其客户群体都是非常庞大的，订单极共复杂性，这就进一步导致其供应链的上下游订单无法进行及时的有效处理，而影响了货物的及时发出。随着市场需求量的逐渐提高，在物流管理过程中存在的诸多不利影响因素导致企业的物流成本较高，进而影响了企业的快速发展。

为了改善当前物流管理过程中存在的问题，这就需要构建快速、高效以及智能化的物流解决方案，对生产、仓储、出库以及信息处理等多个环节进行统筹规划、合理安排，进而有助于促进仓储效率的不断提高，为产品销售工作提供有力的支撑。

本案例结合钢材服务中心智能仓储物流系统的具体构建和应用，对钢材服务中心在出厂物流管理实际工作过程中的具体应用进行了比较深入的分析研究。传统钢材服务中心在出厂物流管理过程中存在的问题主要有以下几方面：

1.信息杂，传递慢

由于物流信息非常烦琐复杂，处理难度较大，仅依靠人工处理需要耗费大量的人力物力，这就导致其执行与系统之间不同步，存在一定的偏差，并且各业务点的信息系统彼此并不相连，而影响了整个业务的运行效率。

2.模式多，效率低

由于物流业务种类和数量非常多，这就导致在其整个管理过程中需要较多的人工干预，而影响了系统的顺利运行。数据落地不透明，这就导致不同环节之间无法进行有效衔接。

3.标准乱，成本高

由于并没有制定统一的标准，导致在服务过程中没有一个统一的标准作为参考，导致不同客户的标准并不相同，这就影响了物流管理工作的全面开展，并且整个物流管理工作非常烦琐，涉及大量的环节，这就进一步增加了物流管理成本，给企业带来了较大的负担。还存在人为库存效率低的问题，这都给物流管理工作造成了不利影响。

（二）智能仓库系统的实施过程

智能仓储物流系统是钢材服务中心智能工厂建设的重要组成部分，在现有“设备自动化”及“管理信息化”的进程中，快速实现钢材服务中心智慧运营及最佳客户体验。满足各种不同物流工作的需求，提高物流管理工作效率，促进企业物流管理工作水平的不断提高，为企业管理、决策以及宏观调控等工作的顺利开展建立良好的基础。其所具有的六大主要功能有需求一键触发、信息实时共享、全程数据不落地、设施智慧管理、多方在线互动以及结算直通快捷，进而为物流管理工作的高效进行提供了可靠保障。

钢材服务中心的智能仓储物流系统主要是由系统软件客户端功能的开发和硬件设备的配套使用两部分构成，其中前者主要包括厂内外车辆的管控、材料出入库管理以及信息交互等功能；后者主要包括大屏看板、PDA出入库扫描终端、车辆管控门禁及配套服务终端等。

智能仓储物流系统各项功能的实现建立在一系列关键技术的基础上，能够大大提高物流管理工作效率，有助于降低人力成本和物流成本的支出，进而为企业带来良好的经济效益。其在实际运行过程中的物流管理工作可以分为：客户触发计划—需求一键触发；App派车，电子导航指引，PDA扫描装货—设施智能管理；实时推送车辆到达信息，装货状态，到货信息及时间—信息实时共享；客户电子签名，直接生成核算清单及满意度分析—结算直通快捷。

（三）系统运行效果与评估

1.经济效益

（1）物流成本

针对不足单车荷载标准30吨的车次装载量。以2016—2018年的平均数为基准，从历史数据中看，年均运量约为2020车，总计42，806吨，系统上线前，按年均价41元/吨计算；智能仓储物流系统上线后，由于拼车装载和运输线路的优化，增加了每车装载量的同时，预计可为物流供应商减少运输成本，每车年均价可降至30元/吨。具体对比如表2-1所示。

表2-1

管理方式	年运量（吨）	吨钢运价（元/吨）	吨钢运价（元/吨）
传统物流管理	42806	41	1,755,046
智能仓储物流系统提升	42806	30	1,284,180
物流成本节流	470,866		

（2）人工成本

目前，上线的钢材服务中心有7名物流管理人员负责两个工厂的车辆确认及入厂登记、货物信息人工核对、出厂放行等工作。系统上线后，通过系统登记和叫号指引到位等功能，直接取代人工操作部分，如表2-2所示。

表2-2

管理方式	入厂登记人员	结算人员兼顾管中夜班管理人员	管理人员	系统维护人员	出厂放行人员	人均成本（元/年）	小计（元/年）
传统物流管理方式	2	1	1	1	2	90,000	630,000
采用智能物流管理系统后	系统登记叫号入厂	1	1	1	车牌识别出厂	90,000	270,000
人员节约	4 人						
人员成本节流	360,000						

（3）经济效益对比分析

对物流运费成本和人工成本量的变化，以实际比率进行调整。具体经济效益估算如表2-3所示。

表2-3

管理方式	物流成本	人工成本	小计（元/年）
项目费用（元）	————————		3,704,250
传统物流管理	1,755,046	630,000	1,755,046
智能仓储物流系统提升	1,284,180	270,000	1,284,180
成本节流	470,866	360,000	830,866
项目费用（元）	4.5		

2.管理效益

（1）管理提升

工具升级：满足管理要求，实现信息化物流管理方式；

风控提高：材料与系统数据实时同步“不落地”，解决仓库管理漏洞；

供应保障：优化库存风险管理，降低断供风险。

（2）业务进化

供应链增值：对接“三个现场”，通过大数据分析，预测需求、及时响应、协调服务；

供应链管理：智能工厂重要的环节，成为客户和物流供应商间的纽带；

供应链升级：智慧制造的核心是满足用户的个性化需求，给予客户有温度的真实体验。

（四）经验教训与改进建议

我国现在智能仓库系统，应着重在技术创新与应用、系统性能提升、优化用户界面和操作流程、安全性与可靠性保障四方面优化改进。充分利用物联网、人工智能、机器人技术，实现仓库内各种设备（如叉车、货架、传送带等）的互联互通，实时监控设备的运行状态和位置信息，提高设备的利用率和仓库的运作效率。应用AI技术，如机器学习、深度学习等，进行库存预测、路径规划、自动化拣选等，使仓库运营更加智能化。引入自动化机器人进行货物的搬运、分类、打包等工作，减少人力成本，提高操作精度和效率。通过AI算法优化仓库内的人员和设备的调度，利用图像识别、RFID等技术，实现货物的快速识别和追踪与资源的最优配置，将更多的人工操作转化为自动化流程，减少人为错误，提高作业效率，提升系统智能化和自动化程度。

针对仓库管理的各个环节，如库存管理、订单处理、路径规划等，开发更高效的算法，采用更高性能的硬件设备，如更快的处理器、更大的内存和存储空间，以及更稳定的网络连接设备。采用分布式架构，将系统的功能分散到多个节点上，提高系统的处理能力和容错性。通过负载均衡技术，平衡各个节点的负载，确保系统的高效稳定运行。建立实时监控机制，对系统的运行状态进行实时监控和预警，及时发现并解决问题，提高系统性能和稳定性。要设计直观易懂的用户界面，减少用户的操作难度和学习成本。通过智能提示和引导功能，帮助用户快速完成操作任务。提高用户体验和降低操作难度，可以提供个性化设置选项，让用户根据自己的习惯和需求定制系统的功能和界面。要支持多种语言，开发移动端应用，方便用户随时随地管理仓库，满足不同国家和地区用户的需求。强调系统安全性和可靠性的重要性，建立完善的权限管理机制，对系统中的敏感数据进行加密存储和传输，确保数据的安全性，确保不同用户只能访问其授权范围内的数据和功能。部署防火墙和入侵检测系统，防止外部攻击和非法入侵。建立定期备份和快速恢复机制，确保在发生意外情况时能够迅速恢复系统的正常运行。

四、智能仓储系统的未来发展趋势

（一）智能化与自动化的深度融合

智能仓库系统中智能化与自动化的深度融合，是指将先进的智能技术（如人工智能、大数据分析、物联网等）与自动化技术（如自动导引车、机器人、自动化货架等）高度结合，实现仓库管理、货物搬运、分拣、存储等各个环节的智能化、自动化操作。这种深度融合不仅提升了仓库的运营效率，还降低了成本，提高了物流行业的整体竞争力，推动了其创新和发展。

智能化与自动化的深度融合主要体现以下方面：一是技术集成，智能仓库系统集成了物联网、人工智能、大数据分析等多种先进技术，将物流仓库内的设备、货物、人员等连接起来，实现数据的实时采集、传输和处理，保障系统可以实时掌握货物的位置、数量等信息，这些技术共同作用于仓库的各个环节，提高了仓库整体的智能化水平。二是设备自动化，通过引入AGV、机器人等自动化搬运设备根据系统的指令，自主完成货物的搬运任务，实现了货物的智能存储和检索，大大提高了搬运效率和准确性，通过引入机器视觉、图像识别等技术，智能分拣设备可以实现对货物的快速、准确分拣。这些设备能够24小时不间断工作，大大提高了仓库的运作效率。三是智能决策，基于大数据分析和人工智能技术，智能仓库系统能够实时监控库存情况、订单状态、货物流向等信息，智能决策系统对这些信息进行预测、调度和优化，有效提高仓库的灵活性和响应能力。

未来智能化与自动化的深度融合主要通过以下几种方式实现：

1.自动化机器学习与控制系统的融合：将机器学习算法应用于自动化控制系统中，使系统能够自动学习和优化控制策略，提高仓储系统的稳定性和性能。

2.自动化机器视觉的应用：利用机器视觉技术对图像进行处理和分析，实现物体的识别、定位和跟踪等功能，为自动化设备提供精准的操作指导。

3.自然语言处理的嵌入：将自然语言处理技术应用于人机交互中，使得人们可以通过语音或文字与智能系统进行交流，提高系统的易用性和智能化水平。

4.人机协作的优化：通过合理的分工和任务分配，实现人与机器之间的紧密协作，充分发挥各自的优势，提高工作效率和任务完成质量。

目前，欧洲某电力供应商通过引入AGV（自动导引车）、智能机器人等设备，结合物联网和云计算技术，实现仓库作业的自动化和智能化管理，通过部署50个客户服务聊天机器人，实现了600万欧元成本节省。我们可以看到智能化与自动化的深度融合虽然带来了诸多好处，但也要思考面临的一些挑战。智能化和自动化技术的应用需要大量的数据支持以训练和优化模型，但是数据的获取和处理往往是一个复杂且庞大的任务，而且数据安全和隐私保护如何得到保障也是一个亟待解决的问题。另外，智能仓库系统的建设和运营需要投入大量资金，对于一些资金实力较弱的企业来说是一个不小的挑战。

（二）大数据与人工智能在仓储管理中的应用

大数据和人工智能这两大关键技术，正在深刻地改变着仓储管理的面貌。通过数据收集与整合、数据分析与挖掘、智能决策与优化等方式，大数据和人工智能技术为仓储管理提供了强大的支持和帮助。大数据是指无法在一定时间范围内用常规软件工具进行捕捉、管理和处理的庞大、复杂数据的集合。它可以涵盖货物信息、库存量、出入库记录、运输情况等海量数据，为仓储管理提供更便捷的管理模式。而人工智能是研究、开发用于模拟、延伸和扩展人的智能的理论、方法、技术及应用系统的一门新的技术科学。仓储管理利用人工智能的机器学习、深度学习等技术手段，实现对仓储数据的智能分析和处理，提高仓储的运作效率。

当前，大数据与人工智能技术可通过无线射频识别、条形码扫描等技术，实时收集货物的入库、出库、库存状态等数据。并将这些数据与供应链中的其他环节（如采购、销售、物流等）的数据进行整合，形成完整的仓储管理数据库。利用大数据分析和图像识别、语音识别等技术，实现对货物的智能识别与分类，并且实时感知仓库内的货物情况，自动记录货物的种类、数量、位置等信息。通过对历史销售数据进行挖掘，发现销售规律和周期性变化，预测未来一段时间内的货物需求。结合市场趋势、经济指标等外部因素，提高需求预测的准确度，帮助企业提前准备库存，避免缺货或积压库存。引入智能机器人结合人工智能算法，实现自动化拣货。再根据订单信息，智能分配拣货任务给机器人或自动化设备，提高拣货速度和准确率。

未来，大数据与人工智能应加强以下几方面的仓储管理。提高智能化水平，能够自主处理各种仓储任务，减少人工干预和错误率。加强向云端化发展，与云计算技术的不断融合发展，未来将数据存储在云端，方便随时随地访问和管理仓储数据，扩大远程监控和调度的范围，以提高仓储的灵活性和响应速度，降低企业的运营成本。加强多元化业务拓展，向电商、生鲜食品和医药等行业进军，这些行业对当前仓储管理的要求也越来越高。智能仓储系统可以通过加强大数据、人工智能技术为这些行业提供定制化的解决方案，满足其特殊的物流需求。

（三）绿色仓储与可持续发展

智能仓储系统中的绿色仓储旨在通过智能化技术手段，实现仓储过程中的节能减排、资源循环利用。以RFID技术在智能仓储系统中的应用为例，RFID技术具有很强的穿透性、很大的存储空间、更快的读取速度以及更高的安全性能。在卷烟的出入库管理中，采用RFID技术可以使得每个环节的信息更加透明，使管理者和操作人员能够更方便及时地了解卷烟的数量、位置等状态。而通过RFID技术，系统可以自动识别卷烟的入库时间和地点等信息，并将这些信息及时更新到仓储管理系统中，系统还可以实时掌握卷烟的各种基本信息，如库存量、移动位置等，实现库存的精确控制，保障了仓储系统的绿色发展。

智能仓储系统可以通过以下几方面实现绿色仓储与可持续发展：一是优化仓储设备和供应链布局，减少运输和搬运过程中的能源消耗。选用高效节能的机械设备替代传统设备，利用先进的物流技术和设备实现集约化的仓储操作，还可以对仓库内部的温度、湿度等环境参数进行实时监控和调节，以降低能耗。二是建立回收和再利用体系，使仓储场所内的废弃物和副产品得到有效处理和利用。通过智能仓储系统实时监控货物包装的使用情况，及时提醒工作人员进行回收和再利用，促进资源的循环利用。三是采用环保材料和可回收的包装材料，减少资源消耗，避免污染环境，在货物包装和运输过程中，系统也需使用适当的保护材料，减少货物在运输过程中的损坏率，坚持可持续发展原则。四是选择绿色环保的运输方式，如铁路、船运和多式联运等，减少对公路运输的依赖，根据物联网技术所掌握的数据对运输路线和运输计划进一步优化，减少空载和半载运输，提高运输效率。

未来，更要大力发展绿色环保的智能仓储模式，如通过科技创新，建设新型仓储设备、智能管理系统，进一步提高仓储作业的自动化、信息化水平，保障智能仓储系统的可持续运行。加强节能减排、资源循环利用等方面的工作，可以通过优化仓储布局、提高设备能效、推广绿色包装等措施实现行业的绿色、可持续发展。在与供应链上下游企业的协同合作时更要注重信息互通、共享和资源互补等工作，为供应链的智能化、高效化运作开好路，也为提高整个供应链的效率和竞争力保驾护航。

第三章 物联网与运输优化

物流运输现在已经融于人们生活中，但传统的物流运输模式面临着许多挑战，如效率低、成本高、环境影响大等问题。为解决这些问题，基于物联网技术的智能物流运输优化成了一个备受关注的研究领域。智能物流运输优化是指利用物联网技术对物流运输过程进行智能化管理和优化。在智能物流运输优化中，物联网通过实时数据的收集、传输和分析，极大地提高了运输行业的效率、安全性和可持续性。物联网技术可以应用于货物追踪和定位、车辆调度和路径优化、运输管控等方面，从而提高物流运输的效率、可靠性和安全性。

物联网技术在物流运输中的应用之一是货物追踪和定位。通过在货物包装中嵌入感应器和传感器，并利用物联网技术实现与云平台的连接，物流企业可以实时监测货物的位置、温度、湿度等信息。这不仅可以提高货物的安全性，还能有效减少货物丢失和损坏的情况发生，提高客户满意度。物联网技术还可应用于车辆调度和路径优化。传统的物流运输中，车辆的调度依赖人工经验和手动计划，容易受到人为因素的限制。而利用物联网技术，可以实现对车辆的实时监控和调度。通过在车辆上安装传感器和导航设备，可以获取车辆的位置信息、行驶速度等数据，并结合交通状况和货物配送需求，实现对车辆的动态调度和路径优化。这可以有效降低运输成本，提高运输效率，减少拥堵和排放。

物联网技术在智能物流运输优化中还可应用于运输管控。传统的运输管控依赖人工巡检和手动记录，容易出现漏检和误检的情况。而借助物联网技术，可以实现对运输过程中的各种数据的实时获取和传输，如温度、湿度、振动等数据。通过对这些数据进行分析和处理，可以实时监测货物的状态和运输环境，并及时采取措施进行调整和优化。这不仅可以提高运输的可靠性和安全性，还可以降低运输过程中的风险。物联网技术还在安全管理方面发挥着重要作用。通过实时监测驾驶员的驾驶行为，如超速、疲劳驾驶等，物联网技术能够及时发出警报，提高驾驶安全性。物联网技术为运输优化提供了强大的支持，它通过实时数据的收集、传输和分析，实现了运输过程的透明化、智能化和绿色化。

实时数据监控与运输路径优化

在当今全球化和信息化交织的现代经济体系中，物流运输不仅连接了生产者与消费者，更在供应链的各个环节发挥着至关重要的作用。物流运输的高效运作，不仅关系到企业的成本控制和市场竞争力，更对整个经济的稳定和繁荣产生深远影响。

物流运输是支撑各行各业高效运转的重要基础设施。它使得商品能够在全球范围内迅速流通，满足了日益增长的消费者需求，促进了国际贸易的繁荣发展。物流运输的发展也推动了相关产业如信息技术、装备制造、交通运输等产业的协同发展，为经济增长注入了新的动力。

在现代经济中，物流运输已经成为企业竞争力的关键因素之一。企业通过优化物流运输管理，可以降低成本、提高效率、缩短交货周期，从而提升客户满意度和市场竞争力。物流运输也为企业提供了更多拓展市场、增加利润的机会，为企业的发展注入了新的活力。

实时数据监控是物流运输中的一个重要环节。通过实时数据监控，企业可以实时掌握货物的运输状态、位置信息、温度湿度等关键数据，提高运输的可见性和可控性。这不仅可以预防潜在问题的发生，还可以及时发现并解决问题，确保货物的安全和准时到达。实时数据监控使得货物的运输过程变得透明，企业可以实时掌握货物的位置和状态信息，提高运输可见性，实时数据监控为企业提供了丰富的数据支持，通过实时数据监控，企业可以及时发现货物存在的异常情况，如温度异常、湿度超标等，从而采取相应措施预防潜在问题的发生。根据这些数据优化运输路线、调整运输方式等，降低运输成本和提高运输效率。优化运输路径可以减少不必要的行驶距离和时间，降低尾气排放和噪声污染等对环境的影响，缩短货物的运输时间，提高运输效率，从而满足客户的快速交货需求，降低燃油消耗和人工成本等运输成本。

一、物联网在实时数据监控中的应用

在物流运输中，选择合适的运输路径对于提高运输效率、降低运输成本至关重要。物联网技术通过GPS定位、传感器数据收集等技术，为运输路径优化提供了有力支持。GPS定位技术可以实时获取运输车辆的位置信息，结合道路交通状况、天气情况等因素，为物流企业提供最优的运输路径建议。传感器数据收集技术可以实时监测车辆的行驶状态、油耗等数据，为物流企业提供更加准确的运输成本估算。在运输路径优化方面，物联网技术还可以结合大数据分析技术，对历史运输数据进行挖掘和分析，发现潜在的运输“瓶颈”和优化空间。通过不断优化运输路径，物流企业可以降低运输成本、提高运输效率，为客户提供更加优质的服务。

（一）GPS定位技术追踪车辆位置

在物流行业中，车辆位置的实时追踪可以提高运输效率、优化资源配置以及确保货物安全。智能物流GPS定位技术是一种基于全球定位系统的实时车辆追踪技术。它通过安装在运输车辆上的GPS接收器接收卫星信号，并将这些信号转化为车辆的地理位置信息。这些信息随后通过无线通信网络传输到中央处理系统，供物流企业进行实时监控和管理。

智能物流GPS定位技术可以实时追踪运输车辆的位置、速度、行驶轨迹等信息。物流企业可以通过这些信息了解车辆的实时状态，确保货物按时送达目的地。实时监控还有助于发现异常情况，如车辆偏离预定路线、停车时间过长等，从而及时采取措施进行处理。基于GPS定位数据，物流企业可以分析运输车辆的行驶轨迹和交通状况，为车辆规划最优的行驶路径。这不仅可以减少行驶距离和时间，降低运输成本，还可以避免拥堵路段，提高运输效率。通过GPS定位技术，物流企业可以实时掌握货物的位置和状态信息，确保货物在运输过程中的安全。一旦发现货物被盗或丢失，企业可以迅速定位货物的位置并采取相应的措施进行处理。此外，GPS定位技术还可以帮助企业在发生紧急情况时迅速找到最近的救援资源。智能物流GPS定位技术可以帮助物流企业实现资源的优化配置。通过对车辆和货物的实时追踪，企业可以了解各地区的货物需求和运输能力，从而合理调配车辆和人力资源，提高资源利用效率。

GPS定位技术可以实时获取车辆的位置信息，确保物流企业能够随时掌握运输情况。这种实时性使得企业能够迅速响应市场变化，提高市场竞争力。GPS定位技术具有较高的定位精度，可以确保物流企业准确掌握车辆和货物的位置信息。这种准确性有助于企业做出更加精准的决策，提高运输效率和安全性。通过与其他技术的融合，如大数据、云计算等，智能物流GPS定位技术可以实现更加智能化的管理和决策。例如，系统可以根据历史数据和实时数据自动预测未来的运输需求和交通状况，为物流企业提供更加科学的决策支持。智能物流GPS定位技术具有良好的灵活性，可以根据企业的实际需求进行定制和扩展。企业可以根据自身业务特点选择需要追踪的车辆和货物，实现个性化的监控和管理。

（二）传感器技术监测货物状态

在物流行业中，货物的状态监测有助于确保货物安全、提高运输效率。物联网传感器技术以其高精度、实时性强的特点，在货物状态监测领域得到了广泛应用。

在冷链物流中，温度是影响货物质量的关键因素。物联网传感器技术可以实时监测货物的温度，并将数据传输到中央处理系统进行分析。一旦温度超出预设范围，系统会立即发出警报，通知相关人员采取措施。这种温度监测技术可以确保货物在运输过程中始终保持适宜的温度，避免货物变质或损坏。湿度对货物的保存状态同样具有重要影响。物联网传感器技术可以实时监测货物的湿度，确保货物在运输过程中保持适宜的湿度环境。对于易受潮的货物，如纸张、纺织品等，湿度监测尤为重要。通过实时监测湿度数据，物流企业可以及时采取措施，避免货物受潮受损。对于易碎或易变形的货

物，压力监测是确保货物安全的关键。物联网传感器技术可以实时监测货物在运输过程中受到的压力，一旦发现压力异常，系统会立即发出警报。这种压力监测技术可以帮助物流企业及时发现并处理运输过程中的潜在风险，确保货物安全送达目的地。振动是货物在运输过程中常见的物理现象，过度的振动可能导致货物损坏或破裂。物联网传感器技术可以实时监测货物的振动情况，并通过分析振动数据评估货物的安全状况。一旦发现振动异常，系统会立即发出警报，提醒相关人员采取措施保护货物。

物联网传感器技术可以实时监测货物的状态信息，确保物流企业随时掌握货物的动态。这种实时性有助于企业及时发现并处理运输过程中的问题，降低货物损失的风险。该技术具有较高的测量精度，可以准确反映货物的状态信息。这种精准性有助于企业更加准确地评估货物的安全状况，为运输过程提供科学的决策支持。物联网传感器技术可以实现货物的自动化监测和管理，降低人工干预的需求。这种自动化有助于企业提高运输效率，降低运营成本。可以将货物的状态信息以图表、图像等形式展示给用户，实现可视化监测。这种可视化有助于用户更加直观地了解货物的状态信息，方便进行决策和管理。

传感器技术可以根据历史数据和实时数据自动预测货物的状态变化趋势，为物流行业提供更加科学的决策支持。物联网传感器技术将向多元化方向发展，涵盖更多类型的传感器和设备。这些传感器和设备将监测更多的货物状态参数，如气体浓度、光照强度等，为物流行业提供更加全面的监测服务。为了促进物联网传感器技术在物流行业的广泛应用，需要制定更加完善的标准和规范。这些标准和规范将涵盖传感器设备的性能要求、数据传输格式等方面，确保不同设备之间的兼容性和互通性。

（三）无线网络技术实现数据传输

无线网络技术不仅连接了物流系统中的各个环节，还实现了数据的实时、高效传输，为物流行业的智能化、自动化、信息化发展提供了强有力的技术支撑。

无线网络技术是指通过无线通信技术，如Wi-Fi、ZigBee、LoRa、NB-IoT等，实现物流系统中各个环节之间的数据传输。这些技术具有传输距离远、传输速度快、功耗低、安全性高等特点，能够满足物流行业对数据传输的多样化需求。智能物流无线网络技术实现数据传输的原理是通过安装在物流设备（如运输车辆、仓储设备等）上的传感器，实时采集货物的温度、湿度、位置等关键信息。将采集到的原始数据进行处理，包括数据清洗、格式转换、压缩等，以便后续的数据传输和分析。通过无线网络技术，将处理后的数据从物流设备传输到中央处理系统（如云计算平台、数据中心等）。在这个过程中，无线网络技术会根据不同的应用场景选择合适的传输协议和频段，以确保数据传输的实时性和稳定性。中央处理系统对接收到的数据进行分析和处理，提取有价值的信息，为物流企业的决策提供科学依据。还可以根据数据分析结果优化物流流程，提高运输效率和服务质量。

智能物流无线网络技术在物流行业的应用非常广泛，主要包括以下几方面：

仓储管理，通过无线网络技术实现仓库内货物的实时定位、盘点和库存管理，提高仓储管理的自动化水平。

运输监测，利用无线网络技术实时监测货物运输过程中的车辆位置、速度、油耗等信息，确保货物的安全和准时送达。智能配送，通过无线网络技术实现配送路线的智能规划和优化，降低配送成本和提高配送效率。

货物追溯，利用无线网络技术实现货物的全程追溯和跟踪，确保货物的来源和流向可追溯。

无线网络技术能够实现数据的实时传输和处理，确保物流企业能够随时掌握货物的状态信息。具有传输速度快、带宽大等特点，能够满足物流行业对数据传输的高效性需求。无线网络技术不受地理位置的限制，可以随时随地实现数据的传输和交换。采用先进的加密技术和安全协议，确保数据传输过程中的安全性和隐私性。

二、运输路径优化的方法与算法

在物流管理和运输行业中，运输路径的优化是提高效率、降低成本和减少环境影响的关键环节。下面介绍常见的运输路径优化方法、它们的优缺点、选择优化策略的依据，以及不同运输场景下的应用实践。

一是最短路径算法。这是一种基于图论和网络分析的方法，通过计算网络图中各节点之间的最短路径来优化运输路线。常见的最短路径算法包括 Dijkstra 算法、Floyd-Warshall 算法等。这些算法的优点在于计算效率高，能够快速找到最短路径；缺点在于可能忽略实际交通状况、运输成本等其他因素。

二是多目标优化。考虑到成本、时间、服务质量等多个目标，多目标优化方法旨在找到满足这些目标的最佳运输路径。这种方法可以通过设置权重、约束条件等方式来平衡不同目标之间的冲突。多目标优化的优点在于能够综合考虑多个因素，但计算复杂程度较高，需要选择合适的算法和参数设置。

（一）基于历史数据与实时信息的路径规划

智能物流的路径规划首先需要大量的数据支持。这些数据包括历史配送数据、实时交通信息、天气状况、车辆状态等。历史配送数据可以提供配送路径的参考信息，帮助系统分析出常见的最优路径和潜在的风险点。实时交通信息则能够反映当前的道路状况，如拥堵、事故等，为路径规划提供实时指导。天气状况也是一个重要的考虑因素，恶劣的天气可能会影响交通状况和配送效率。车辆状态数据如油量、速度、位置等也是路径规划中不可或缺的信息。在收集到足够的数据后，系统需要对这些数据进行分析和处理。系统会对历史配送数据进行挖掘和分析，找出常见的配送路径和最优路径。这些路径是未来配送的参考依据。系统会对实时交通信息进行实时分析和预测，以评估当前道路的通行状况和未来的交通趋势。通过分析这些信息，系统可以预测出潜在的拥堵点和事故点，从而提前调整配送路线。系统还需要对天气状况进行预测和分析，以评估其对交通状况和配送效率的影响。最后，系统需要综合考虑车辆状态、货物特性、客户需求等因素，以制订出最适合当前情况的配送方案。

基于数据分析的结果，系统可以制定出最优的配送路径。这些路径不仅考虑了道路状况和交通信息，还考虑了车辆状态、货物特性和客户需求等因素。在配送过程中，系统会根据实时交通信息和车辆状态等信息对配送路径进行动态调整和优化。例如，当遇到交通拥堵时，系统可以自动选择绕行路线或调整配送顺序；当车辆油量不足时，系统可以自动规划最近的加油站进行加油；当客户需求发生变化时，系统可以及时调整配送方案以满足客户需求。此外，系统还可以利用大数据分析技术对配送效率进行评估和优化，以进一步提高配送效率和服务质量。

（二）考虑交通拥堵、天气等因素的动态调整

智能物流在应对交通拥堵和天气等动态因素时，确实需要利用物联网技

术进行相应的调整以确保物流运输的高效、安全和准时。以下是对智能物流如何考虑交通拥堵和天气因素进行动态调整的具体分析：

1.考虑交通拥堵因素

优化路线：智能物流系统通过地理信息系统（GIS）、物流规划软件等现代信息技术，对运输路线进行优化规划。通过分析城市的道路网络、交通状况、配送点的位置等因素，选择最短、最合理的路径，减少行驶距离和时间，从而降低物流车辆在城市交通拥堵中的停滞时间。

时间窗口管理：智能物流系统与客户协商，制定合理的时间窗口，避开交通高峰期或选择交通状况较为畅通的时间段进行配送。这有助于减少在拥堵交通中的等待和停滞时间，提高配送效率。

多式联运：智能物流系统可以采取多式联运的方式，如从道路运输转变为铁路运输、水运运输或航空运输等，减少对道路交通的依赖。这不仅可以分担道路运输的压力，减少拥堵，还可以提高运输的运行速度和稳定性。

用车管理与调度优化：智能物流系统利用车辆调度软件和智能调度系统，对车辆进行动态调度和管理。通过实时监控交通状况、车辆位置和订单信息，优化调度，合理分派车辆和任务，减少行驶时间和路程，提高配送效率。

2.考虑天气因素

极端天气预警与应对：智能物流系统通过接入气象数据，对极端天气进行预警。在极端天气如大雪、暴雨、浓雾、大风等情况下，系统会根据天气状况对物流运输进行调整。例如，可以选择更安全的运输方式或推迟运输计划，以确保货物和人员的安全。

货物保护：智能物流系统会根据天气状况对货物进行保护。例如，在高温天气下，系统会提醒使用冷藏车或采取其他措施防止食品变质；在低温天气下，系统会提醒使用保温材料防止电子产品受损；在暴雨天气下，系统会提醒采取防水措施防止货物淋湿等。

末端配送调整：在恶劣天气下，智能物流系统会调整末端配送策略。例如，可以通过调整配送人员的工作时间、增加配送频次或采用其他配送方式（如无人机配送）来确保配送的顺利进行。系统还会考虑在不同天气条件下的配送时长和人员补贴差异，以平衡成本和效率。

（三）利用大数据与人工智能技术优化决策

物流企业在选择运输路径优化策略时，需要考虑运输成本，包括燃油费、人工费、车辆折旧等。优化路径可以降低运输成本，提高企业的竞争力。需要考虑运输时间，优化路径可以缩短运输时间，提高响应速度和客户满意度。需要考虑环境影响，如尾气排放、噪声污染等。优化路径可以减少车辆行驶距离和拥堵情况，降低对环境的影响。例如，在城市配送场景下，可能需要更加注重运输时间和服务质量；而在长途运输场景下，可能需要更加注重运输成本和环境影响。

1.城市配送

城市配送场景下的运输路径优化需要考虑城市交通状况、客户需求、配送时间等因素。常见的优化方法包括利用现代物流配送规划软件、智能调度系统和算法等来实现路线规划优化和车辆调度优化。例如，通过实时交通信息和数据分析来制定最优的配送路线，减少交通拥堵和重复路线；通过智能调度系统和算法来合理安排车辆的出发时间、路线和配载，提高车辆利用率和配送效率。

2.长途运输

长途运输场景下的运输路径优化需要考虑运输距离、成本、时间等因素。常见的优化方法包括多式联运、交通流量优化等。多式联运可以通过不同的交通方式相互衔接，形成一个完整的运输系统，降低运输成本和时间。交通流量优化可以利用交通数据分析工具来选择交通流量较少的时间段进行运输，减少货物运输所消耗的时间和能源。

3.特殊货物

对于易损货物、危险品等特殊货物，运输路径优化需要考虑货物的特性和安全要求。常见的优化方法包括选择适合的运输方式和路线、加强物流信息管理等。例如，对于易损货物需要避免颠簸和振动，选择平稳的运输方式和路线；对于危险品需要遵守相应的法规和限制，确保运输过程的安全可靠。

智能运输工具的应用与效益分析

智能运输工具是指利用物联网、大数据、人工智能等先进技术，实现自动化、智能化运输的设备和系统。这些工具不仅涵盖了自动驾驶车辆、无人机、智能搬运小车等硬件装备，还包括了与之配套的物流信息系统和智能调度平台。在物流运输中，智能运输工具的重要性日益凸显，它们通过提高运输效率、降低运营成本、改善用户体验等方面，为物流行业带来了革命性的变革。

首先，智能运输工具能够显著提高运输效率。自动驾驶车辆和无人机可以实现24小时不间断工作，智能搬运小车能够精准快速地完成货物搬运，这些工具的应用使得物流运输更加高效、快捷。其次，智能运输工具能够降低运营成本。通过减少人工参与、降低错误率和损耗率，智能运输工具显著降低了物流企业的运营成本，智能运输工具还可以改善用户体验。通过实时追踪货物位置、提供准确的配送时间等信息，智能运输工具提高了消费者对物流服务的满意度。智能运输工具的应用背景和市场需求主要源于电子商务的快速发展和消费者对快速配送的需求。随着电子商务的兴起，物流行业面临着巨大的挑战和机遇。为了满足消费者对快速、准确、便捷的配送需求，物流企业需要借助智能运输工具来提高运输效率和服务质量。

一、智能运输工具的种类与特点

智能运输工具以其自动化、智能化、远程控制和高效能源利用等技术特点，在提高运输效率和降低运营成本方面具有显著优势。

（一）种类介绍

智能运输工具是物流运输领域的重要创新，它们利用先进的技术实现更高效、安全的运输。以下是几种常见的智能运输工具及其基本功能和用途：

1.智能货车

智能货车配备了自动驾驶技术、智能传感器和通信系统，能够自动规划路线、感知周围环境，并在必要时与驾驶员或调度中心进行通信。它们主要用于长途货运，能够减少驾驶员的疲劳和人为错误，提高运输效率。

2.无人机配送

无人机配送利用无人机进行小件快递的配送。它们具有灵活、快速的特点，能够迅速到达偏远或难以进入的地区。无人机配送特别适用于医疗急救、偏远地区配送等场景。

3.自动驾驶卡车

自动驾驶卡车结合了自动驾驶技术和大型货车的运输能力，能够实现长途、大批量货物的自动运输。自动驾驶卡车能够减少驾驶员成本，提高运输效率，并降低交通事故的风险。

4.智能仓储机器人

智能仓储机器人主要用于仓库内的货物搬运、分拣和存储。它们能够自主导航、识别货物，并与仓库管理系统进行通信，实现货物的快速、准确处理。智能仓储机器人能够大大提高仓储管理的效率，降低人力成本。

（二）技术特点

智能运输工具的技术特点主要体现在以下几个方面：

1.自动化

智能运输工具能够自主完成运输任务，无须或只需少量人工干预。这降低了人力成本，提高了运输效率。

2.智能化

智能运输工具通过先进的传感器、控制系统和算法，能够实时感知周围环境、规划最优路径、预测并应对潜在风险。

3.远程控制

许多智能运输工具都支持远程控制功能，使得调度中心或驾驶员能够远程监控和控制运输过程，提高了运输的灵活性和可控性。

4.高效能源利用

一些智能运输工具采用了先进的能源管理系统和节能技术，如电动驱动、能量回收等，降低了能耗和运营成本。

（三）优势分析

智能运输工具相比传统运输工具具有以下优势：

1.更高的安全性

智能运输工具通过实时感知周围环境、预测并应对潜在风险，能够降低交通事故的风险，提高运输的安全性。

2.更低的故障率

智能运输工具具备智能化故障诊断和修复系统，能够及时发现并解决问题，降低了故障率，提高了运输的可靠性。

3.更少的人力需求

智能运输工具的自动化和智能化程度高，减少了人力需求，降低了劳动力成本。

4.更高的运输效率

智能运输工具能够自主规划最优路径、避免拥堵和延误，提高了运输效率。它们能够24小时不间断工作，进一步提高了运输的时效性。

二、智能运输工具在物流中的应用

智能运输工具在物流运输领域的应用日益广泛，极大地提高了运输效率，降低了成本，并改善了用户体验。智能运输工具在物流运输领域的应用具有广阔的前景和潜力。通过不断克服技术“瓶颈”、适应法规限制和提高公众接受度等挑战，为经济社会的发展作出更大贡献。以下是几个典型的智能运输工具在物流运输中的应用案例，以及它们成功应用的关键因素、面临的挑战和应对策略。

案例一：智能货车在长途货运中的应用

某大型物流公司采用智能货车进行长途货运，通过自动驾驶技术、智能传感器和通信系统，实现了货物的自动装载、运输和卸载。智能货车能够实时感知周围环境，自动规划最优路径，避免了拥堵和延误。智能货车还具备远程控制功能，使得调度中心能够实时监控和控制运输过程，提高了运输的灵活性和可控性。这一应用案例的成功关键在于智能货车的自动化和智能化程度高，能够显著提高运输效率，降低人力成本。

案例二：无人机配送在医疗急救中的应用

在医疗急救领域，无人机配送发挥着重要作用。某地区的急救中心利用无人机将急需的药品和医疗器械迅速送达偏远地区。无人机配送的灵活性和快速性使得医疗急救更加及时有效，挽救了众多患者的生命。这一案例的成功因素在于无人机配送能够迅速到达难以进入的地区，满足了医疗急救的紧迫需求。

案例三：自动驾驶卡车在港口物流中的应用

在港口物流中，自动驾驶卡车的应用提高了货物的装卸和运输效率。自动驾驶卡车能够自动完成货物的装卸和运输任务，减少了人力需求，降低了劳动力成本。自动驾驶卡车还能够24小时不间断工作，进一步提高了港口物流的运输效率。这一案例的成功得益于自动驾驶卡车的技术先进性和市场需求匹配度高，能够有效应对港口物流的高强度运输需求。

以上这些案例中，智能运输工具成功应用的关键因素包括技术先进性、市场需求匹配度和政策支持。首先，智能运输工具具备先进的技术，如自动驾驶、智能感知和远程控制等，使得它们能够高效、准确地完成运输任务。其次，智能运输工具的应用场景与市场需求高度匹配，如医疗急救、港口物流等场景对运输效率的要求极高，智能运输工具能够满足这些需求。最后，政府对智能运输工具的发展给予了政策支持，为它们的推广和应用提供了有力保障。

三、智能运输工具的效益分析

智能运输工具是当前物流运输领域的创新力量，正在逐渐改变传统的运输模式，为物流行业带来了显著的效益。下面对智能运输工具在成本降低、效率提高和服务优化方面进行具体的效益分析。

（一）成本效益

智能运输工具在物流领域崭露头角。其通过引入物联网、大数据、人工智能等先进技术，实现了运输过程的自动化、信息化和智能化，从而显著提高了运输效率，降低了成本。

智能运输工具的成本效益作用机制主要体现在以下几个方面：

1.自动化操作减少人力需求

智能运输工具通过引入自动化技术，对运输过程进行自动化操作，在物流运输中的应用还显著降低了运输成本，智能运输工具，如智能货车、自动驾驶卡车和智能仓储机器人等，通过自动化和智能化技术，自主完成行驶、避障、停车等任务，无须人工干预，大幅减少了人力需求。这些工具能够自主完成货物的装载、运输、分拣等任务，根据实时数据，自动调整运输路线、速度等参数，以最优的方式完成运输任务，降低了对人工的依赖，从而降低了人力成本。例如，自动驾驶卡车和智能仓储机器人可以替代部分人工完成运输和仓储任务，减少了劳动力支出。据估算，智能运输工具的应用可以为企业节省约30%的人力成本。

2.减少燃油成本支出

智能运输工具通过优化路径规划、智能调度和实时监控等技术手段，其可以根据实时交通状况、天气情况等因素，自动选择最优的行驶路线，避开拥堵路段和恶劣天气区域，降低了运输过程中的能耗。例如，智能货车可以根据实时交通情况和路况信息，选择最优的行驶路线，减少不必要的行驶距离和等待时间，从而降低油耗。智能运输工具还可以实现能源的回收和再利用，进一步提高能源利用效率。例如，电动汽车可以通过回收制动能量、优化电池管理等方式，提高能源利用效率；混合动力汽车可以通过智能切换燃油和电力驱动方式，实现能源的最优配置。这些技术不仅可以降低燃油消耗，还可以减少对环境的污染和破坏。据统计，智能运输工具相比传统运输工具能够降低约20%的能耗。智能运输工具通过自动化和智能化技术，可以提高运输效率。它们可以快速、准确地完成货物的运输和配送任务，减少了运输时间和成本。

（二）时间效益

当前，智能化已经渗透到社会生活的方方面面，特别是在物流运输领域，智能运输工具的出现和应用极大地改变了传统的运输模式。智能运输工具是现代交通运输领域的重要创新成果，优化运输路线、提高运输效率、实时调度管理等方式，能够显著缩短运输周期，并且采取准时送达、货物安全、信息透明、定制化服务等措施，提高客户的满意度。

智能运输工具的时间效益作用机制主要体现在以下几个方面：

一是智能运输工具可以优化运输路线，根据实时交通信息、天气状况等因素，自动选择最优的运输路线，减少拥堵和延误，缩短运输时间。

二是由于智能运输工具的自动化程度高，可以实现快速装卸、连续运输等功能，通过物联网技术，智能运输工具可以进行实时调度管理，并且根据运输需求及时调整运输计划，确保货物按时送达。

三是通过优化运输路线和提高运输效率，使得货物可以准时送达，满足客户的时间要求。

四是利用智能避障、紧急制动等功能，在遇到危险情况时迅速做出反应，确保货物安全，减少货损货差。五是智能运输工具可以实时获取运输过程中的各种信息，如位置、速度、货物状态等，客户可以随时查询货物运输情况，实现信息透明化。

实现智能运输工具的时间效益存在的挑战：

一是技术挑战，智能运输系统的建设和运行需要大量的技术支持，包括物联网、大数据、云计算等。而这些技术的更新换代速度较快，需要不断投入资金进行技术升级和维护，以确保系统的稳定性和安全性。

二是数据挑战，处理数据过多，包括车辆定位数据、货物信息、运输状态等，而如何有效地存储、处理和分析这些数据，也是一个挑战。

三是人才挑战，智能运输系统的建设和运行需要专业的技术人才进行支持。目前，物流行业市场普遍缺乏这方面的专业人才，这在一定程度上制约了智能运输系统的应用和发展。

对此要进行技术创新，加大技术研发投入，积极探索新的技术应用和解决方案，提高系统的智能化水平和稳定性。为了确保数据的准确性、完整性和安全性，建立完善的数据管理制度和流程，利用大数据分析工具对数据进行深入挖掘和分析，发现潜在的问题和机会，及时解决，为决策提供有力支持。还应重视物流人才的培养和引进工作，加大内部培训和外部招聘力度，可以与高校、科研机构等合作，共同培育人才、使用人才，共同推动物流行业的技术进步和创新。

（三）安全效益

智能运输工具在物流、公共交通、私家车等领域的应用日益广泛。这些集成了先进信息技术、物联网、大数据等技术的智能运输工具，不仅提高了运输效率和便利性，更重要的是，它们在降低交通事故风险、保障出行安全方面发挥了显著作用，也为企业带来了良好的社会声誉和树立了品牌形象。

智能运输工具通过集成高清摄像头、雷达、激光雷达等传感器设备，对车辆周围环境实时监控，准确识别行人、车辆、障碍物等目标，并根据实时数据进行分析和判断，提前发现潜在的危险因素，当系统检测到可能引发交通事故的情况时，会立即向驾驶员发出预警信息，提醒其采取相应的避险措施，从而有效降低了事故发生的概率。智能运输工具中的自动驾驶和辅助驾驶技术，计算机视觉、深度学习等技术，对车辆行驶轨迹的精确控制，避免了驾驶员因疲劳、分心等原因导致的操作失误，可以在一定程度上替代或辅助驾驶员的操作，降低人为因素造成的交通事故。

智能运输工具通过对车辆行驶数据的收集和分析，可以不断优化车辆的行驶策略和安全性能。系统可以根据历史数据和实时路况信息，预测未来可能发生的交通状况，并提前调整车辆的行驶路线和速度，避免进入危险区域。系统还可以对驾驶员的驾驶行为进行评估和反馈，帮助驾驶员纠正不良驾驶习惯，提高驾驶安全性。

在公共交通领域，某城市的地铁系统采用了先进的自动驾驶技术，实现了列车的自动驾驶和智能调度。这不仅提高了列车的运行效率，还降低了因人为因素导致的交通事故风险。一些城市的公交车也配备了智能驾驶辅助系统，通过实时监测道路状况和车辆状态，为驾驶员提供精准的驾驶建议，有效减少了交通事故的发生。在物流领域，许多物流公司采用了智能货运车辆和无人机等智能运输工具，实现了货物的快速、安全运输。这些智能运输工具具备自动驾驶、智能避障等功能，能够在复杂的环境中进行高效、安全的运输作业，通过实时监控和预警系统，及时发现并处理了多起潜在的安全隐患，确保了货物的安全送达。

第四章 货物跟踪与监控

货物跟踪与监控是物流运输中不可或缺的两个概念，它们紧密相连，共同确保货物在运输过程中的安全、高效和透明。货物跟踪主要是指利用技术手段和信息化手段，对运输过程中货物的实时位置、状态和运输进程进行了解和掌握。这通常包括信息录入和标识扫描、通知程序、追踪系统以及全球定位系统等多种形式，确保货物在运输过程中的每一步都清晰可见。

货物监控则侧重于在货物运输过程中，对货物的安全、环境和异常情况等进行实时监测和管理。这通常通过GPS、传感器技术、运输监控中心、无人机巡检等多种措施来实现，确保货物在运输过程中不受损害，并能在发生异常情况时迅速作出反应。

两者之间的联系在于，货物跟踪为监控提供了必要的数据和信息支持，使得监控能够更加精准和高效。货物监控也为跟踪提供了必要的反馈和保障，确保跟踪的准确性和可靠性。在物流运输中，货物跟踪与监控的紧密结合，不仅提高了物流运输的效率和安全性，也增强了物流运输的透明度和可控性，为物流行业的持续发展提供了有力支持。

RFID、传感器等技术在货物跟踪中的应用

一、RFID技术在货物跟踪中的应用

货物跟踪在物流管理中扮演着举足轻重的角色，其重要性体现在多个方面。首先，通过实时追踪货物的位置、状态和运输进度，货物跟踪技术显著提高了物流效率，使物流运营商能够优化运输路线、减少等待时间和不必要的延误。其次，货物跟踪有助于减少货物损失和盗窃风险，因为任何异常行为或偏离预定路线的情况都能被迅速发现并处理。此外，货物跟踪技术还增强了客户满意度，客户可以实时查询货物的运输状态，从而更好地安排自己的时间和资源。

在货物跟踪技术中，RFID和传感器技术展现出了巨大的潜在价值。RFID技术通过无线信号自动识别目标对象并获取相关数据，无须人工干预，极大地提高了跟踪的精度和自动化程度。RFID标签的存储量大、可重复使用等特点，也进一步降低了成本。传感器技术则能够实时监测货物的环境条件，如温度、湿度、振动等，确保货物在运输过程中的安全。这些技术的应用不仅提高了货物跟踪的实时性和准确性，还为物流运营商提供了更多的数据支持，以做出更加科学、合理的决策。

在物流领域，RFID和传感器技术的应用背景十分广阔，包括仓库管理、运输监控、供应链管理等多个方面。随着物联网、大数据等技术的不断发展，这些技术在物流领域的应用将更加广泛和深入。未来，RFID和传感器技术将引领物流行业进入一个更加智能、高效、安全的新时代。

（一）RFID技术的基本概念与工作原理

RFID技术，即射频识别技术，是一种通过无线射频信号自动识别目标对象并获取相关数据的非接触式自动识别技术。RFID技术主要由三个部分组成：标签、读写器和数据处理系统（Data Processing System）。

（1）标签：RFID标签由芯片和天线组成，芯片存储着标签的唯一识别

码和其他数据，而天线则用于接收和发送信号。标签可以分为有源标签和无源标签两种，有源标签自带电池，可以主动发送信号；无源标签则需要通过读写器发出的射频信号提供能量，进而发送数据。

（2）读写器：读写器是RFID系统中的另一个重要部分，它通过向标签发送射频信号来激活标签，并接收标签返回的数据。读写器一般具有较大的信号范围，可以同时识别多个标签，并且可以根据需要进行编程和配置。

（3）数据处理系统：数据处理系统负责对读写器接收到的数据进行处理、存储和传输。它可以将标签数据转换为可读的格式，并进行校验和验证，以确保数据的准确性和完整性。

RFID系统的工作流程主要包括以下几个步骤：

（1）信号发射：读写器向周围发送电磁波信号。

（2）信号接收：当RFID标签进入读写器的通信范围内时，标签会接收到读写器发出的电磁波信号，并利用标签上的天线来接收和解码这些信号。

（3）数据交换：一旦标签成功解码读写器发送的信号，标签会将存储在其芯片中的数据通过无线信号的形式回传给读写器。

（4）数据处理：读写器接收到标签发送的数据后，会将这些数据进行处理和解码，然后将处理后的数据存储在本地或通过网络传输到后台系统。

RFID技术在货物跟踪中通过RFID标签自动识别和记录货物信息，可以大大提高货物跟踪的效率和准确性。主要可以应用于货物识别、库存管理、运输监控。通过在货物上粘贴RFID标签，可以实现对货物的快速、准确识别。读写器可以读取标签中的信息，包括货物的名称、规格、生产日期等，为货物的后续处理提供数据支持。RFID技术可以实时更新库存状态，提高库存管理的效率和准确性。当货物入库时，读写器会自动读取标签中的信息，并将数据传输到数据处理系统中进行存储和分析。当货物出库时，读写器同样会读取标签信息，并更新库存状态。通过RFID技术，企业可以实时掌握库存情况，避免库存积压和缺货现象的发生。在货物运输过程中，RFID技术可以实现对货物的实时监控和追踪。通过在货物上粘贴RFID标签，并在运输车辆、仓库等关键节点部署读写器，可以实时获取货物的位置、状态等信息。当货物出现异常时，系统可以迅速发出警报并采取相应的处理措施，确保货物的安全和完整。

RFID技术通过减少人工操作、降低错误率、实现快速定位等功能，大大提高物流行业的整体效率和客户满意度。

（二）RFID标签的种类与选择

智能物流中RFID标签是实现自动识别和数据采集的关键设备，其种类和选择对于提高物流效率、降低运营成本具有重要意义，只有根据具体应用场景和需求选择合适的RFID标签，才能充分发挥RFID技术在智能物流中的优势，提高物流效率、降低运营成本。

1.RFID标签的种类

RFID标签按功能和频率的不同，可以分为多种类型：

从功能上分，RFID标签主要包括被动式、有源式、半主动式和无线传感网络（WSN）等。被动式RFID标签是最常见的一种类型，它不需要内置电池，而是利用接收到的RFID读取器的电磁场产生电力来传输数据。这种标签的成本较低，但读取距离和速度相对有限，适用于近距离、低速度和对标签容量要求不高的应用，如门禁系统和资产管理等。有源式RFID标签内置电池，能够主动发射射频信号，具有较长的读取距离和较快的读取速度。这种标签适用于需要较长距离识别和跟踪的场景，如物流追踪、车辆管理等。但有源式RFID标签的体积较大，成本较高，且使用时间受电池寿命限制。半主动式RFID标签结合了被动式和有源式标签的特点，内置电池仅在与RFID读取器通信时才会启动。这种标签可以提供较高的读取距离和速度，同时成本相对较低，适用于需要较高读取性能和成本控制的应用场景。无线传感网络是一种由许多小型传感器组成的网络，可以收集数据并将数据回传到中央节点，WSN通常与RFID技术结合使用，以提供更高级别的数据分析和控制功能。这种网络适用于需要实时监测和控制的应用场景，如环境监测、智能农业等。

从频率上分，RFID标签主要包括低频、高频、超高频和宽带RFID（UWB RFID）等。低频RFID标签适用于近距离、低速度和对标签容量要求不高的应用；高频RFID标签适用于对信息容量有限制的应用；超高频RFID标签通常用于大容量、高速度和远程识别的应用；而宽带RFID标签则适用于精确定位、物流等需要高速数据传输和长距离识别的场景。

2.RFID标签的选择

在智能物流中选择合适的RFID标签需要考虑多个因素，包括应用场景、性能参数、成本、兼容性等。一是要明确应用场景和需求。需要明确RFID

标签将用于哪些场景，如物流追踪、车辆管理、门禁系统等。然后分析标签需要满足的具体需求，如读取距离、读写速度、数据存储量等。二是要考虑标签的性能参数。根据应用场景选择适当的读取距离和读写速度。对于需要快速处理大量数据的场景，选择具有高速读写性能的标签。考虑标签的耐久性，选择能抵抗恶劣条件的标签。三是考虑标签的尺寸和形状。由于标签的尺寸可能会影响其读取性能，必须根据应用场景选择合适的标签尺寸和形状，确保标签能方便地附着在目标物体上。四是考虑标签的材料和附着方式。选择适合目标物体材质和表面的标签材料，根据需要选择合适的附着方式，如粘贴、悬挂等，以确保标签能牢固附着并正常工作。五是考虑成本因素。RFID电子标签的价格因品牌、性能和质量而异。在满足需求的前提下控制成本，比对不同供应商的价格和性能，选择性价比高、价格适宜的标签。六是考虑兼容性和集成性。确保所选的RFID电子标签与现有的读写器、软件和系统兼容。考虑标签在未来可能需要的升级和扩展，选择具有良好集成性的标签。七是参考成功案例和行业标准。了解同行业内类似应用场景的成功案例，参考他们选择的标签类型和品牌。关注行业标准和规范，确保所选标签符合相关需求。

（三）RFID读写器的选择与配置

RFID技术以其独特的优势在智能物流、仓储管理、车辆识别等领域得到了广泛应用，而RFID读写器为RFID系统中的关键设备，其选择与配置对于系统的性能和稳定性至关重要。

1.RFID读写器的类型

RFID读写器根据其外形、功能和应用场景的不同，可以分为多种类型。一是固定式读写器，通常将天线、读写器与主控机分离，读写器和天线可以分别安装在不同位置，适用于对标签进行远距离、大范围的识别。二是OEM模块式读写器，它将读写器模块嵌入产品内部，适用于需要定制化的应用场景。三是工业读写器，其具有更高的稳定性和抗干扰能力，适用于恶劣环境下的应用，如矿井、畜牧等领域。四是手持便携式读写器，可将天线、射频模块和控制处理模块封装在一个外壳中，方便用户手持使用，适用于巡查、识别和测试等场合。

RFID读写器的主要功能包括读取和写入标签信息、给RFID标签提供能量、与计算机网络通信、识别多个标签等。其中，读取和写入标签信息是RFID读写器最基本的功能，它通过与标签的无线通信，实现对标签内数据的读取和写入。RFID读写器还能够利用一些接口实现与计算机网络通信，将信息传至计算机，实现数据的远程传输和处理。

2.RFID读写器的技术参数是选择和配置

RFID读写器的相关技术参数是运行的重要依据，主要包括工作频率、读写距离、读写速度、接口类型等。工作频率即RFID读写器的工作频率，通常分为低频、高频、超高频和特高频（SHF）四种。不同的工作频率适用于不同的应用场景。读写距离是指RFID读写器与标签之间的最大通信距离。读写距离的大小与读写器的功率、天线设计、标签类型等因素有关。在选择RFID读写器时，需要根据实际应用场景的需求来选择合适的读写距离。读写速度是指RFID读写器与标签之间的数据传输速率。读写速度的快慢取决于读写器的处理能力以及标签的存储容量和通信协议等因素。在选择RFID读写器时，需要根据实际应用场景对读写速度的需求来选择合适的读写器。接口类型是指RFID读写器与其他设备之间进行数据交互的接口。常见的接口类型包括串口（RS232、RS485）、USB、以太网等。不同的接口类型适用于不同的设备和应用场景，需要根据实际需求来选择合适的接口类型。

3.在选择和配置RFID读写器时，需要考虑以下几个方面的因素

一是注重应用场景。不同的应用场景对RFID读写器的要求不同，需要根据实际应用场景来选择合适的RFID读写器类型和配置。二是考虑读写距离和速度，根据应用场景对读写距离和速度的需求来选择合适的RFID读写器。三是注意兼容性，需要确保所选的RFID读写器与现有的系统和设备兼容，以便实现无缝对接和集成。四是注意成本，在满足需求的前提下，需要考虑RFID读写器的成本，选择性价比高的产品。

而在配置RFID读写器时，需要根据实际需求进行配置，包括设置读写器的参数、配置网络参数、设置标签的读写权限等。还需要对RFID读写器进行测试和调试，确保其能够正常工作并满足实际需求。

（四）RFID技术在货物跟踪中的实施流程

RFID技术是一种先进的自动识别和数据采集技术，在货物跟踪领域具有广泛的应用前景和潜力。RFID技术通过无线电信号识别特定目标并读写相关

数据，而无须在识别系统与特定目标之间建立机械或光学接触，这一特性使得RFID技术在货物跟踪领域具有得天独厚的优势，如非接触式识别、高效快速、信息容量大、抗污染能力强等，为物流行业智能化发展添砖加瓦。

RFID技术在货物跟踪中的具体实施流程：

1.进行需求分析

在实施RFID技术之前，首先需要进行需求分析。企业需明确自身的货物跟踪需求，包括货物的种类、数量、运输路线、存储环境等，还要考虑系统的集成程度、数据处理方式等因素。需求分析阶段的工作有助于确定最合适的RFID解决方案，为后续的实施提供指导。

2.对RFID标签的选择

根据需求分析的结果，选择适合的RFID标签是实施流程中的关键步骤。RFID标签分为被动标签、主动标签和半主动标签三种类型。被动标签无须电池供电，通过读写器发出的电磁波激活并返回信息；主动标签内置电池，可以主动发出信号；半主动标签则结合了被动标签和主动标签的特点。在选择标签时，需综合考虑物体的特性、使用环境的要求以及成本等因素。

3.建设必要的基础设施

实施RFID技术需要一定的基础设施支持。这包括安装RFID读写器、天线设备以及相应的网络设备。读写器的数量和位置需根据实际需求进行规划，以确保货物能够被准确地识别和追踪。天线设备则用于增强读写器的信号覆盖范围，提高识别率。网络设备的配置则需确保数据的实时传输和安全性。

4.与管理系统集成

在基础设施建设完成后，需要将RFID系统与现有的管理系统进行集成。这包括数据接口的开发、数据同步的实现以及系统功能的整合等。系统集成，将RFID技术与其他管理系统进行无缝对接，实现数据的共享和协同工作。

5.对采集的数据进行处理与分析

RFID系统采集的数据需要进行处理和分析，以提取有价值的信息。这包括数据的清洗、转换、存储和挖掘等过程。通过数据处理，可以实时监测货物的位置和状态，进行库存管理、运输调度等决策支持，还要对货物进行跟踪追溯，提高产品质量和客户满意度。

6.对系统进行优化与升级

为了更好地满足物流行业需求，需要对现有系统进行创新升级，包括硬件设备的更新、软件系统的升级以及业务流程的改进等。系统优化和升级，可以进一步提高RFID系统的性能和效率，满足不断变化的市场需求。

当前，RFID技术在货物跟踪中的优势有RFID技术无须与物体直接接触即可进行识别，大大提高了识别的效率和准确性；RFID系统实时采集货物的位置和状态信息，为决策者提供及时准确的数据支持，并且存储大量的信息，包括货物的属性、生产日期、生产批次等，为货物跟踪提供全面的信息支持。在与其他管理系统无缝对接时，实现数据的自动采集、传输和处理，提高了工作效率和准确性。而挑战主要体现在成本、技术、数据安全方面。RFID技术的实施需要一定的投资成本，包括硬件设备、软件系统以及人员培训等费用。这对于一些中小型企业来说可能是一个挑战。其他管理系统进行集成，需要一定的技术支持，而且如何保持技术的稳定性也需要多方面思考。对一些RFID系统采集的数据可能涉及企业的商业机密和客户的隐私信息，数据的安全性和完整性也是亟待解决的。

二、传感器技术在货物状态监测中的应用

传感器技术是现代信息技术的重要组成部分，是指能够感受被测量并按照一定的规律转换成可用输出信号的器件或装置。传感器技术的基本概念在于其能够将非电量信号（如温度、湿度、压力、加速度等）转换为电量信号，以便于后续的数据处理和分析。在货物跟踪领域，传感器技术的主要作用在于实时监测货物的状态信息，包括环境参数（如温度、湿度）和位置变化等。通过安装不同类型的传感器，可以实现对货物在运输过程中的全方位监控，确保货物的安全和完整。通过安装温度传感器、湿度传感器等环境参数传感器，可以实时监测货物所处的环境温度和湿度，确保货物在运输过程中处于适宜的环境条件下。例如，在冷链物流中，温度传感器可以实时监测冷藏货物的温度变化情况，确保货物在规定的温度范围内进行运输。通过安装位置传感器（如GPS传感器），可以实时监测货物的运输轨迹和位置信息，实现货物的实时跟踪和定位。这对于货物的运输管理和调度具有重要意

义，可以提高运输效率并降低运输成本。

传感器技术在货物跟踪领域的具体例子：

（1）温度监测：在冷链物流中，使用温度传感器可以实时监测冷藏货物的温度变化情况。当温度超出预设范围时，传感器可以触发警报并通知相关人员采取相应措施，确保货物的质量和安全。

（2）湿度监测：对于需要保持一定湿度的货物（如某些药品、食品等），可以使用湿度传感器进行实时监测。当湿度超出预设范围时，传感器同样可以触发警报并通知相关人员进行处理。

（3）位置跟踪：通过安装GPS传感器等位置传感器，可以实现对货物的实时跟踪和定位。无论是海运、陆运还是空运，都可以通过GPS传感器获取货物的实时位置信息，并将其显示在地图上或传输到数据处理系统中进行分析和处理。

传感器技术通过实时监测货物的状态信息，并结合数据处理和分析技术，可以实现货物状态的实时监控和预警。当货物的状态信息（如温度、湿度、位置等）超出预设范围时，传感器可以自动触发警报并通知相关人员，设置阈值触发警报机制。结合物联网和云计算等技术，可以实现远程监控和数据分析功能，为货物的运输管理和调度提供更加全面和准确的数据支持。传感器技术还可以结合自动化控制技术实现对运输条件的自动调整。例如，在冷链物流中，当温度传感器检测到货物温度超出预设范围时，可以采取自动启动制冷设备或调整运输速度等措施来保持货物的温度稳定。这种自动化控制技术的应用可以进一步提高货物的运输效率和安全性。

（一）传感器的类型与功能

传感器按照不同的分类标准有多种类型。按照用途分类，可以分为温度传感器、湿度传感器、压力传感器、加速度传感器等；按照工作原理分类，可以分为物理传感器、化学传感器、生物传感器等；按照输出信号分类，可以分为模拟传感器和数字传感器等。这些不同类型的传感器在各个领域都发挥着重要的作用。

在物联网系统中，传感器节点通常被部署在需要监测的物体或环境中，它们能够实时地采集和传输数据，为物联网系统提供丰富的信息来源。传感器的工作原理主要基于物理效应、化学效应、生物效应等，通过将被测的物理量、化学量、生物量等转换成符合需要的电量，实现信息的获取和传输。

传感器的类型介绍：

1.温度传感器

温度传感器用于测量环境温度，广泛应用于智能保温、环境温度监测等物联网产品中。通过利用热电效应或热敏电阻的阻值随温度变化而变化的特性，将温度转换为电信号输出，用于测量物体或环境的温度。从使用角度划分，温度传感器可分为接触式和非接触式两类。接触式温度传感器通过直接接触被测物体来测量温度，如热电偶、热电阻等；非接触式温度传感器则利用物体的热辐射进行测量，如红外测温仪等。

2.光传感器

光传感器用于检测环境光线的强度，主要应用在电子产品的环境光强监测上，如智能家居中的智能照明系统。利用光敏元件的电阻或电压随光照强度变化而变化的特性，将光照强度转换为电信号输出，可以感知环境中的光线强度，根据环境光线的强弱自动调整设备的亮度或开关状态，常见应用场景包括智能家居照明控制、亮度自动调节等。

3.烟雾传感器

烟雾传感器用于检测烟雾浓度，主要应用在火情报警和安全探测等领域。根据探测原理的不同，烟雾传感器可分为化学探测和光学探测两种。化学探测式烟雾传感器通过检测烟雾中的化学物质来判断烟雾浓度；光学探测式烟雾传感器则利用烟雾对光的散射作用来判断烟雾浓度。

4.距离传感器

距离传感器用于测量物体之间的距离，主要应用于手机和各种智能灯具中。距离传感器可以根据用户在使用过程中的不同距离产生不同的变化，如调整屏幕亮度、触发自动拍照等。距离传感器大致分为使用光学、无线电波和超声波三种类型。

5.心率传感器

心律传感器利用特定波长的红外线对血液变化的敏感性原理来检查心脏的跳动频次。目前，主要被用于可穿戴设备和智能医疗器械上，如智能手表、智能手环等。

6.光学传感器

光学传感器是一种检测光的传感器，包括紫外光、可见光、红外光等，每种类型的目标光都有对应的传感器。光学传感器利用光电效应来检测光线，最简单的光学传感器仅检测光线是否被遮挡，如自动门的运动传感器。此外，图像传感器也是一种先进的光学传感器，它将光转换为电信号以获取图像，典型的例子是数码相机和数码摄像机。

7.振动传感器

振动传感器用于检测物体的振动情况，可以测量感兴趣物体的位移、速度和加速度。振动传感器在机械设备故障诊断、结构健康监测等领域有着广泛的应用。

8.声音传感器

声音传感器是一种检测声音振动的传感器，检测声音的传感器称为麦克风。声音传感器可以确定声音的音量和音高，结合语音识别技术，可以将语音转换为文字，用于语音输入和语音操作。

传感器的功能介绍：

1.感知和收集数据信息

物联网传感器可以感知和收集各种数据信息，如温度、湿度、压力、能量、速度等。传感器使用不同的物理触发器来检测不同类型的数据，并将其转换为电信号，以便后续的数据处理。

2.传输数据信息

物联网传感器可以通过有线和无线网络传输数据信息，将收集到的数据传输到云计算或边缘计算中心，进行后续的数据处理和分析。这一功能使得物联网系统能够实现远程监控和实时控制。

3.处理和分析数据信息

物联网传感器不仅可以收集和传输数据，还可以处理和分析数据信息。通过物联网传感器处理和分析传感器数据，可以提高数据的精确性和及时性，并实现有针对性的应用。例如，智能家居系统可以根据传感器收集到的温度、湿度等数据自动调整室内环境；智慧城市系统可以通过传感器收集到的交通流量、空气质量等数据优化城市管理和服务。

4.触发和控制设备

物联网传感器可以根据收集到的数据触发和控制相关设备。例如，当烟雾传感器检测到烟雾浓度超过阈值时，可以自动触发火警报警系统；当温度传感器检测到室内温度过低时，可以自动启动加热设备。这种触发和控制功能使得物联网系统能够实现自动化和智能化管理。

5.监测和预警

物联网传感器可以实时监测各种物理量的变化，并在异常情况发生时发出预警。例如，当振动传感器检测到机械设备出现异常振动时，可以发出预警信号以提醒工作人员进行检修；当声音传感器检测到异常声音时，可以触发报警系统以保障安全。这种监测和预警功能使得物联网系统能够及时应对各种突发情况，确保系统的稳定性和安全性。

（二）传感器在货物运输中的布置与安装

在物流行业，货物运输量逐年攀升，对运输效率和安全性的要求也越来越高。传统的货物运输管理方式已经难以满足现代物流的需求，而传感器的应用则为解决这些问题提供了新的思路。传感器能够实时监测货物的状态、环境参数以及运输过程中的各种信息，从而确保货物安全、准确地送达目的地。

在货物运输中，传感器可以应用于多个环节，如货物包装、运输车辆、仓储设施等。通过收集和分析货物的温度、湿度、压力、位置等参数，以及运输车辆的速度、油耗、行驶轨迹等信息数据，对货物进行精细化管理，提高运输效率和安全性。因此，传感器布置与安装显得尤为重要。

1.做好前期准备工作

一是要确定好监测的需求，根据货物的性质、运输方式和运输距离等因素，确定需要监测的参数和指标。例如，对于易腐食品，需要监测温度和湿度；对于贵重物品，需要监测位置和振动情况等。二是要选择合适的传感器，根据监测需求多方面考虑，选择合适的传感器类型和规格。例如，对于温度监测，可以选择热电偶、热电阻或红外测温仪等传感器；对于位置监测，可以选择GPS定位传感器或RFID标签等。三是设计传感器网络，根据货物的运输路径和监测需求，设计合理的传感器网络布局。这包括确定传感器的数量、位置、安装方式以及数据传输方式等。四是准备安装工具和材料，根据确定好的传感器类型和安装方式，准备相应的安装工具和材料，如螺丝刀、电钻、胶带、固定支架等。

2.布置与安装环节的具体步骤

一是货物包装环节。根据货物的性质和要求，选择合适的包装材料，如纸箱、木箱、泡沫塑料等。二是布置传感器。在包装材料内部或外部合适的位置布置传感器。对于温度、湿度等参数，可以将传感器嵌入包装材料中或粘贴在包装表面；对于位置监测，可以将RFID标签粘贴在货物上或嵌入包装材料中。三是连接数据线。将传感器与数据采集设备或传输模块连接，确保数据传输的稳定性和可靠性。四是测试传感器功能。在货物发出前，对传感器进行测试，确保其能够正常工作并准确传输数据。五是仓储设施环节。根据仓储设施的结构和存储的货物类型，确定需要监测的区域和参数。例如，对于冷库或恒温仓库，需要监测温度和湿度；对于货物堆放区域，需要监测货物的位置和状态等。在选定的监测区域内布置传感器网络，包括确定传感器的数量、位置、安装方式以及数据传输方式等。注意传感器网络要覆盖整个监测区域，并确保数据传输的稳定性和可靠性。按照设计方案和安装要求，将传感器安装在选定的位置上。注意固定要牢固可靠，避免在仓储过程中发生松动或脱落。在仓储设施开始使用前，对传感器网络进行测试，确保其能够正常工作并准确传输数据。

（三）传感器数据的采集、传输与处理

物联网传感器数据的采集是物联网应用的第一步，也是最为关键的一步。用比喻手法来讲，传感器就是物联网的眼睛和耳朵，能够实时感知和测量各种环境参数，如温度、湿度、光照、气体浓度、压力、位移等。

1.传感器数据的采集

在数据采集过程中，传感器设备发挥着核心作用。传感器设备通过有线或无线方式与数据采集器相连，将感知到的数据传递给数据采集器。数据采集器则负责将传感器收集的数据进行加工和处理，将数据转换为数字信号，方便后续的数据处理和传输。数据采集器还具备高稳定性、高精度和长寿命等特点，以确保数据的准确性和可靠性。

在农业领域，物联网传感器数据采集技术的应用尤为突出。例如，农业小气候监测设备可以实时监测和采集农业田间小气候环境数据，如温湿度、风速、风向、降雨量等，为农业生产提供精准的气象数据支持。土壤墒情监测设备则可以测量土壤温度、湿度、pH、养分含量等数据，为农作物的生长提供科学的土壤环境信息。

2.传感器数据的传输

物联网传感器数据的传输是将采集到的数据从传感器设备传输到数据处理中心的过程。数据传输的效率和稳定性对于物联网应用的实时性和可靠性具有重要影响。在数据传输过程中，无线通信技术发挥着关键作用。

目前，常用的无线通信技术包括蓝牙、Wi-Fi、ZigBee、NB-IoT等。这些技术能够实现传感器设备之间的数据传输和通信，将采集到的数据实时传输到数据处理中心。其中，MQTT、CoAP和HTTP等数据传输协议为数据传输提供了标准化和规范化的支持，确保了数据的安全、稳定和高效传输。边缘计算技术也在数据传输过程中发挥着重要作用。边缘计算是指将数据处理和分析功能从云端移到靠近数据源的边缘设备上进行，这样可以减少数据传输量，降低延迟，提高数据处理效率。在物联网应用中，边缘计算技术使得传感器可以更加智能地处理数据，减轻了云端系统的压力，也使得物联网系统更加稳定可靠。

3.传感器数据的处理

物联网传感器数据的处理是将传输到数据处理中心的数据进行进一步的分析和挖掘，以提取有用的信息和知识。数据处理的过程包括数据预处理、数据采样和压缩、数据标准化和归一化等步骤。数据预处理是数据处理的第一步，主要是对原始数据进行清洗和修正，以去除噪声、异常值和缺失值，提高数据质量。常用的数据预处理技术包括平滑处理、插值处理、异常值检测和缺失值处理等。

数据采样和压缩是为了减少数据量，降低传输和存储成本而进行的操作。数据采样是指从原始数据中选择一部分数据进行处理和分析；数据压缩则是通过一定的算法和方法减少数据的存储空间和传输开销。数据标准化和归一化是为了使数据具有可比性而进行的操作。由于传感器数据通常具有不同的量纲和范围，因此需要进行标准化和归一化处理，以便进行有效的比较和分析。

在数据处理过程中，数据挖掘和机器学习技术也发挥着重要作用。数据挖掘技术可以从海量数据中提取出有价值的信息和知识，为物联网应用提供决策支持和智能化服务；机器学习技术则可以通过学习和训练模型，对传感器数据进行预测和优化，提高物联网应用的智能化水平。

三、其他辅助技术在货物跟踪中的应用

（一）GPS定位技术在货物位置追踪中的应用

GPS是一种基于卫星导航的高精度、高可靠性的定位技术，它利用一组卫星向地面发送导航信号，地面接收器通过接收这些信号并计算其与卫星之间的距离，从而确定自己的精确位置，对物流领域中的货物运输进行导航。

1.实时货物追踪与监控

通过在货物上安装GPS定位设备，物流企业可以实时追踪货物的位置、速度、行驶路线等信息。这些信息通过无线网络传输到企业的物流管理系统，调度员可以随时查看货物的实时状态，并根据需要进行调度和优化路线。这种实时追踪与监控功能大大提高了物流企业的管理效率和响应速度，使货物能够按时、准确地送达目的地。例如，某大型物流企业通过应用GPS定位技术，实现了对全国范围内数万辆货车的实时追踪与监控。调度员可以根据货物的实时位置和运输需求，及时调整运输计划和路线，有效避免了车辆拥堵和延误。企业还可以通过GPS定位技术实现对货物的安全监控，一旦发现异常情况，如车辆超速、偏离预定路线等，系统会立即发出警报，确保货物的安全运输。

2.优化运输路线与提高运输效率

GPS定位技术可以实时获取货物的位置信息和运输状态，物流企业可以利用这些信息对运输路线进行优化。通过大数据分析，企业可以找出运输过程中的“瓶颈”和不合理之处，从而制订更加合理、高效的运输方案。此外，GPS定位技术还可以实时预测货物的到达时间，为客户提供更加准确、可靠的服务。以某城市配送中心为例，该配送中心通过应用GPS定位技术，实现了对配送车辆的实时监控和调度。系统根据货物的实时位置和配送需求，自动规划出最优的配送路线，并实时发送给驾驶员。这种智能化的配送方案大大提高了配送效率，减少了无效行驶和空驶时间，降低了运输成本。

客户也可以通过手机App实时查询货物的位置和运输状态，提高了客户满意度。

3.提高客户服务水平

GPS定位技术的应用不仅提高了物流企业的管理效率和运输效率，还提高了客户服务水平。客户可以通过手机App或物流企业的官方网站实时查询货物的位置和运输状态，某电商平台通过应用GPS定位技术，实现了对商品的全程追踪和监控。客户在下单后，可以通过手机App实时查询商品的配送进度和位置信息。一旦商品出现异常情况或延误，系统会立即向客户发送通知并解释原因。这种贴心的服务让客户感受到了电商平台的诚意和专业性，提高了客户忠诚度和满意度。

（二）物联网通信技术在数据传输中的应用

物联网技术通过将各种信息传感设备与网络连接起来，实现了物与物、物与人的智能交互和信息的无缝对接。在数据传输方面，物联网通信技术发挥着至关重要的作用，它是指将各种信息传感设备与网络连接起来，实现数据的实时采集、传输、处理和应用的技术。它涵盖了多种通信技术，如无线传感器网络、无线局域网、蓝牙、ZigBee、LoRa、NB-IoT等。这些技术具有各自的特点和适用场景，可以根据实际需求进行选择和组合。

物联网通信技术具有以下特点：

（1）实时性：物联网通信技术能够实时采集和传输数据，满足对时间敏感的应用需求。

（2）可靠性：物联网通信技术具有较高的数据传输可靠性，能够保证数据的完整性和准确性。

（3）灵活性：物联网通信技术可以根据应用场景的不同，灵活选择不同的通信方式和协议。

（4）低功耗：物联网通信技术通常采用低功耗设计，以延长设备的使用寿命和降低能耗。

物联网通信技术在数据传输中的应用领域：

在工业自动化领域，物联网通信技术广泛应用于生产线的实时监控、设备的远程维护和管理、生产数据的采集和分析等方面。通过物联网通信技术，企业可以实时了解生产线的运行状况，及时发现和处理故障，提高生产效率和产品质量，物联网通信技术还可以实现设备的远程监控和维护，降低企业的运维成本。在智能交通领域，物联网通信技术被广泛应用于车辆监控、交通信号控制、道路状况感知等方面。通过物联网通信技术，交通管理部门可以实时了解道路交通状况，优化交通信号控制策略，缓解交通拥堵问题。物联网通信技术还可以实现车辆的实时监控和调度，提高交通运输的安全性和效率。在智能家居领域，物联网通信技术被广泛应用于家庭设备的联网、远程控制、智能安防等方面。通过物联网通信技术，用户可以实现对家庭设备的远程控制和智能化管理，提高生活的便捷性和舒适度。物联网通信技术还可以实现家庭安防系统的智能化升级，提高家庭的安全性和防范能力。在智慧农业领域，物联网通信技术被广泛应用于农田监测、作物生长管理、智能灌溉等方面。通过物联网通信技术，农业部门可以实时了解农田的土壤湿度、温度、光照等环境参数，为作物生长提供科学的指导和管理。物联网通信技术还可以实现智能灌溉系统的自动化控制，提高水资源的利用效率和农作物的产量。

物联网通信技术的未来发展趋势：

1.与5G技术的融合

5G技术的高速、低延迟和大连接数等特点将为物联网通信技术的发展提供强大的支持，将实现更高速率的数据传输、更低的延迟和更广泛的覆盖范围。

2.边缘计算的应用

传统的云计算模式已经无法满足实时性和低延迟的需求，而边缘计算将成为物联网通信技术的重要发展方向。通过在设备端或网络边缘进行数据处理和分析，可以减少数据传输的延迟和带宽需求，提高系统的响应速度和可靠性。

3.加强安全性和隐私的保护

通过采用加密算法、身份认证、访问控制等技术手段，可以确保数据的机密性、完整性和可用性。

（三）云计算与大数据技术在数据处理与分析中的应用

为了探索如何高效、准确地处理和分析采集的物流数据信息，云计算与大数据技术的结合创新了传统模式。云计算与大数据结合可以实现对海量数据的实时收集、存储、处理和分析，为企业的管理决策提供有力支持。这些技术还可以帮助物流企业优化运营流程、提高运营效率、降低运营成本并为客户提供更加优质、个性化的服务体验。

云计算是一种基于互联网的计算方式，它通过网络提供各种计算资源（如服务器、存储、数据库、软件等）和服务，以满足用户的不同需求。云计算具有弹性扩展、按需付费、高可靠性等特点，使得用户可以更加灵活、高效地使用计算资源。大数据技术则是指对海量数据进行收集、存储、处理和分析的技术。它利用分布式计算、数据挖掘、机器学习等技术手段，从海量数据中提取有价值的信息，为企业决策提供支持。大数据技术具有处理速度快、数据量大、数据类型多样等特点，可以应对物流行业中复杂多变的数据处理需求。

云计算与大数据技术在物流数据处理与分析中的应用：

数据收集与存储方面。物流行业涉及大量的数据，包括订单信息、运输信息、库存信息、客户信息等。这些数据需要被及时收集并存储到数据中心中，以便进行后续的处理和分析。云计算技术提供了弹性扩展的存储资源，可以根据数据量的增长动态调整存储容量。而大数据技术也发挥了重要作用，通过分布式文件系统（如Hadoop HDFS）和NoSQL数据库等技术，可以实现对海量数据的存储和管理。这两个技术结合可以支持物流行业中复杂多变的数据存储需求。

数据处理与分析方面。物流数据处理与分析是物流企业管理决策的核心。通过对物流数据的处理和分析，可以了解物流运营的状况、发现潜在的问题、优化物流方案等。云计算与大数据技术的结合，为物流数据处理与分析提供了强大的计算能力和数据处理能力。在数据处理方面，云计算平台提供了高性能的计算资源，可以支持大规模并行计算和分布式计算。这使得物流企业可以快速、高效地对海量数据进行处理和分析。在数据分析方面，大数据技术可以利用数据挖掘、机器学习等技术手段从海量数据中提取有价值的信息。通过对这些信息的分析，物流企业可以发现物流运营中的“瓶颈”、优化运输路线、提高配送效率等。

智能化决策支持方面。云计算与大数据技术的应用不仅限于数据处理和分析层面，还可以为物流企业提供智能化决策支持。通过构建智能化的决策支持系统，物流企业可以利用大数据技术对历史数据进行深度挖掘和分析，发现隐藏在数据背后的规律和趋势。这些规律和趋势可以帮助企业制订更加科学、合理的决策方案，提高决策的准确性和有效性。智能化决策支持系统还可以结合实时数据和外部环境信息，对物流运营进行实时监控和预警。一旦发现异常情况或潜在风险，系统会立即发出警报并给出相应的处理建议。这有助于企业及时发现并解决问题以避免潜在损失的发生。

为了更好地说明云计算与大数据技术在物流数据处理和分析中的应用效果和价值，以某大型物流企业为例，该企业通过引入云计算与大数据技术构建了一个智能化的物流管理系统。该系统可以实时收集和处理来自各个业务环节的数据，包括订单信息、运输信息、库存信息、客户信息等。通过对这些数据的处理和分析，系统可以为企业提供实时的运营状况监控和预警功能。系统还可以根据历史数据和外部环境信息对未来的物流需求和趋势进行预测，为企业制定战略决策提供有力支持。通过应用云计算与大数据技术，该企业的物流运营效率得到了显著提高。

具体而言，其在以下几个方面取得了明显成效。一是运输效率得到提高。通过对运输数据的处理和分析系统，可以优化运输路线和调度计划，减少无效行驶和空驶时间，降低运输成本。系统还可以实时监控运输状态及时发现并处理异常情况确保货物按时、准确地送达目的地。二是库存管理优化。通过对库存数据的处理和分析系统，可以预测未来的库存需求和趋势并制订合理的库存计划避免库存积压和缺货现象的发生。系统还可以实时监控库存状态及时发现并处理库存异常问题，确保库存的准确性和完整性。三是提高客户服务水平。通过实时收集和处理客户信息以及反馈意见，系统可以为客户提供更加个性化、精准的服务体验。系统还可以根据客户的需求和偏好制定有针对性的营销策略以提高客户满意度和忠诚度。

物流过程中的实时监控与管理方法

在物流过程中，实时监控的重要性不言而喻。它不仅是确保货物安全的关键手段，还能通过对实时数据的收集和分析来优化运输路径，提高响应速度，从而显著提高物流管理的效率。

实时监控能够确保货物的安全。通过传感器和RFID技术，物流公司可以实时追踪货物的位置、状态以及环境条件，如温度、湿度等，及时发现并处理任何潜在的风险或问题，从而确保货物在整个运输过程中的完整性和安全性。

实时监控有助于优化运输路径。基于实时数据的分析，物流公司可以更加精准地预测货物的运输时间和到达时间，并根据交通状况、天气条件等因素动态调整运输路线，减少不必要的延误和成本，从而提高运输效率。实时监控提高了物流系统的响应速度。通过实时监控系统，物流公司可以迅速响应客户的需求和变化，如紧急订单、货物变更等，及时调整物流计划，确保货物能够按时、准确地送达目的地。

实时监控系统的设计和构建对于提高物流管理效率、降低运营成本、增强客户满意度等方面具有关键作用。一个高效、可靠的实时监控系统能够减少人工操作和数据录入的工作量，降低错误率，提高数据处理的准确性和效率。通过实时数据的分析和挖掘，物流公司可以更加精准地掌握市场需求和客户需求，优化库存管理和运输计划，降低库存成本和运输成本。此外，实时监控系统还能够提供及时、准确的物流信息给客户，增强客户对物流服务的信任和满意度。

一、实时监控系统的架构与设计

（一）系统架构

实时监控系统的设计和构建首先需要确定其系统架构。一个典型的实时监控系统通常包括以下几方面：

1.硬件设备

这是实时监控系统的基础，包括摄像头、传感器、RFID读写器等设备。这些设备负责实时采集和传输数据，为系统提供原始信息。

2.软件系统

软件系统包括数据管理平台、监控界面等，用于处理和分析从硬件设备收集的数据，并展示给用户。数据管理平台负责数据的存储、查询和分析，而监控界面则提供直观的可视化展示。

3.数据传输网络

数据传输网络是连接硬件设备和软件系统的桥梁，可以是局域网、互联网等。网络的选择应根据实际需求和数据传输量来确定，确保数据的实时性和准确性。

在架构的选择上，集中式架构和分布式架构是两种常见的选择。集中式架构将数据处理和分析集中在中央服务器上，便于统一管理和维护。它适用于规模较小、数据集中处理的场景。而分布式架构则将数据处理和分析分布在多个节点上，具有更好的灵活性和可扩展性，适用于大规模、复杂的物流场景。

（二）设计原则

在设计实时监控系统时，需要遵循一些基本的设计原则，以确保系统的稳定性、可靠性和易用性。

1.可扩展性

随着物流业务的增长和变化，实时监控系统需要能够适应这些变化，并支持新功能的扩展。因此，在设计时应考虑系统的可扩展性，采用模块化、组件化的设计方式，便于后期的维护和升级。

2.可靠性

实时监控系统是物流管理的关键工具，必须能够稳定运行，以提供准确可靠的数据。因此，在设计时应考虑系统的容错能力和恢复能力，采用冗余设计、备份机制等技术手段，确保系统的稳定性和可靠性。

3.易用性

实时监控系统应操作简单、易于学习和使用。在设计时应考虑用户的操作习惯和认知特点，采用直观的用户界面和友好的交互方式，降低用户的学习成本和使用难度。

4.设计原则在实际应用中具有重要意义

遵循可扩展性原则可以确保系统能够适应未来业务的变化和发展；遵循可靠性原则可以确保系统稳定运行并提供准确可靠的数据；遵循易用性原则可以提高用户的使用效率和满意度。这些原则共同作用，为实时监控系统的长期稳定运行和高效使用提供了有力保障。

（三）实时监控系统的基本组成与功能

物流过程中的实时监控系统成为提高物流效率、降低物流成本、确保货物安全的重要手段。物流过程中的实时监控系统主要由以下几个部分组成：一是传感器技术，它是实时监控系统的基础，通过安装在车辆、货物等物流环节中的传感器，可以实时监测和记录货物的温度、湿度、压力、位置等关键参数。这些传感器能够将采集到的数据通过无线传输方式发送到监控中心，为物流运输的决策提供实时、准确的数据支持。二是数据采集与传输，它是实时监控系统的关键环节。通过数据采集设备，将传感器获取到的数据进行采集和整理，并通过互联网、移动通信等传输方式将数据发送到后台数据管理系统。在这个过程中，为了保证数据的安全性和可靠性，需要采用一些加密和传输协议来保护数据的传输过程。三是后台数据管理系统，它负责对传感器采集到的数据进行处理、存储和分析。通过对数据的分析，系统可以实现对货物的实时位置追踪、物流路线规划和运输效率评估等功能。后台数据管理系统还可以根据用户的需求，提供数据查询、报表生成、报警设置等服务。四是监控中心，它负责接收、处理和分析来自各个传感器的数据，并将分析结果以可视化方式展示给用户。监控中心通常由大屏幕显示器、计算机工作站等设备组成，可以实时监测货物的状态、车辆的行驶情况等信息。在出现异常情况时，监控中心可以立即发出警报并采取相应的处理措施。五是终端设备。它是用户接入实时监控系统的窗口，用户可以通过手机、计算机等设备实时查看货物的状态、车辆的行驶情况等信息。终端设备通常具有友好的用户界面和丰富的功能模块，用户可以根据自己的需求设置报警条件、查看数据分析报告等。

实时监控系统的主要功能有以下几点：一是实时位置追踪，通过GPS定位技术，系统可以实时监测车辆的位置和行驶路线，并将这些信息以可视化方式展示给用户。用户可以随时查看车辆的实时位置，了解货物的运输进度。二是物流路线规划，根据实时位置追踪的数据，为物流运输提供最优的路线规划。通过考虑交通状况、路况信息等因素，系统可以计算出最短的行驶路线，提高物流运输的效率。三是运输效率评估，通过实时监控系统可以对物流运输的各个环节进行实时监控和管理，从而实现对运输效率的评估。通过对数据的分析，系统可以评估出运输过程中的“瓶颈”环节和潜在问题，为物流运输的优化提供数据支持。四是异常报警与处理。当系统监测到异常情况时，如车辆故障、货物损坏等，可以立即发出警报并通知相关人员进行处理。系统还可以记录异常情况的历史数据，为未来的运输提供参考和借鉴。五是数据分析与决策支持。实时监控系统可以对采集到的大量数据进行分析和挖掘，为物流企业提供更多的运营管理决策支持。例如，系统可以通过对历史数据的分析预测未来的物流运输需求，从而在货物调度和仓储规划上做出更加科学合理的决策。

实时监控系统广泛应用于各类物流运输企业、货代公司、快递公司等。在物流企业中可以通过实时监控系统实现对车辆、货物、司机等的全面管理和监控；货代公司可以通过该系统实现对货物的实时追踪和管理；而快递公司则可以通过系统实现快件的实时跟踪和派送。实时监控系统还广泛应用于冷链物流、危险品运输等特殊物流领域，通过实时监控系统可以确保这些特殊货物在运输过程中的安全和稳定。

（四）数据采集、传输与存储的设计和实施

在物流过程中，实时监控系统的核心功能之一在于数据收集与处理。这一环节通过传感器和RFID设备实时捕获货物状态和环境数据，为物流管理者提供关键的决策依据。数据收集过程涵盖了从运输车辆、仓库到货物本身的各个环节。传感器负责监测环境参数，如温度、湿度、光照等，而RFID设备则用于追踪货物的位置信息和身份标识。这些设备将实时数据传输至中央服务器，以供后续处理和分析。数据处理环节通过数据清洗和挖掘技术，从庞大的原始数据中提取有价值的信息。数据清洗涉及去除重复、错误和无效数据，确保数据的准确性和可靠性。而数据挖掘则运用统计学、机器学习等方法，发现数据中的规律和趋势，为物流管理提供决策支持。

为了提高物流效率、降低运营成本并满足客户的需求，实时监控数据采集、传输与存储技术在物流过程中显得尤为重要。通过对实时数据的分析，物流管理者可以优化运输路径，减少不必要的绕行和延误；预测货物需求，提前安排库存和运输计划；及时发现潜在问题，避免货物损失和延误。通过合理的设计与实施，提高物流效率、降低运营成本并满足客户的需求。在实际应用中，根据物流过程的特点和需求选择合适的设备、网络、协议和存储方案，并采取有效的安全措施保障数据的安全性和可靠性。不断优化和改进实时监控数据采集、传输与存储技术，以适应物流行业的快速发展和变化。

（五）实时监控界面的设计与开发

为了提高物流效率，降低运营成本，并提升客户满意度，通过引入先进的技术手段和创新的设计理念，构建出高效、安全、易用的实时监控界面系统，为物流行业的发展提供有力支持。

1.实时监控界面的设计原则

一是要具有用户友好性，让实时监控界面易于理解和使用，确保用户能够快速上手并熟练掌握各项功能。

二是丰富信息内容，提供全面、准确的物流信息，包括订单状态、运输轨迹、库存情况等，以满足用户的多样化需求。

三是保持良好的实时性，实时更新物流信息，确保用户随时掌握最新动态；保持可视化，通过图表、地图等形式展示物流信息，使数据更加直观易懂；保障数据传输和存储的安全，防止信息泄漏和篡改。

2.实时监控界面设计方面的功能需求

一是订单追踪，方便用户通过输入订单号或扫描二维码等方式，查询订单的实时状态，包括订单状态、运输轨迹、预计送达时间等。

二是对运输过程监控，实时监控运输车辆的位置、速度、行驶路线等信息，确保运输过程的安全和顺畅，并对异常情况进行预警和处理，如车辆故障、交通拥堵等。

三是加强库存管理，实时更新库存信息，包括库存数量、库存位置、库存预警等。帮助用户及时了解库存状况，避免缺货或积压现象的发生。

四是细化数据统计与分析，包括订单量、运输时间、运输成本等指标，为企业管理决策提供有力支持。

五是设置权限管理，设置不同用户角色和权限，确保数据安全和隐私保护。也方便企业管理员对用户进行管理和控制。

3.通过以下技术实现实时监控界面的创新发展

前端技术用于构建实时监控界面的基本框架和样式，实现用户交互功能。响应式设计是确保界面在不同设备和屏幕尺寸下都能良好的显示和运行。图表库和地图API是利用图表库（如ECharts、D3.js等）和地图API（如百度地图API、高德地图API等）展示物流数据，提高数据的可视化程度。

后端技术是服务器端语言，如Java、Python等，用于处理前端请求，与数据库进行交互，实现数据的存储和查询。数据库技术是选择适合物流行业的数据库技术，如关系型数据库（MySQL、PostgreSQL等）或非关系型数据库（MongoDB、Redis等），存储和管理物流数据。

利用缓存技术（如Redis）提高数据访问速度，降低系统响应时间。消息队列技术是采用消息队列技术（如RabbitMQ、Kafka等）实现异步通信和消息传递，提高系统的可扩展性和稳定性。

实时通信技术，通过WebSocket技术实现客户端与服务器之间的双向通信，确保数据的实时更新和传输。MQTT协议是针对物联网设备的轻量级发布/订阅协议，适用于低带宽、高延迟的网络环境，实现运输车辆的实时监控。

安全性保障，使用HTTPS协议进行数据传输，确保数据在传输过程中的安全性。对敏感数据进行加密存储和传输，防止数据泄漏和篡改。设置合理的用户角色和权限，实现数据的安全访问和管理。

二、物流过程中的管理方法与策略

（一）运输过程中的货物状态监测与预警机制

在物流运输行业中，物流运输过程中的货物状态监测与预警机制是保障货物安全、提高运输效率和客户满意度的重要手段。物流行业需要建立完善的预警系统、制订应急预案、加强人员培训、引入先进技术等措施，确保预警机制的有效实施。并且还需要不断探索和创新，不断优化和完善预警机制，以应对日益复杂的物流运输环境。

1.货物状态监测方法

一是GPS跟踪技术，通过在货运车辆上安装GPS装置，可以实时跟踪车辆的位置和运输路线，确保货物按照预定路线进行运输。还可以提供运输速度、预计到达时间等信息，为货主提供实时、准确的货物位置信息。

二是传感器技术，利用物联网的感知层可以实时监测货物的温度、湿度、振动等状态。对于一些对环境条件要求较高的货物，如药品、食品等，通过安装温湿度传感器、振动传感器等，可以实时监测货物的环境状态，及时发现异常情况并采取措施，保障货物的质量和安全。

三是RFID识别技术，它是一种利用射频信号来识别和跟踪货物或运输容器的技术。通过在货物或运输容器上安装RFID标签，可以实现对货物的全程跟踪和识别。RFID识别技术具有非接触式、高速、大容量等特点，能够大大提高物流运输的效率和准确性。

四是实时监控系统，通过安装摄像头、传感器等设备，对运输车辆、仓库、装卸过程等进行实时监控。这样物流行业可以随时了解货物的运输状态、仓库存储情况等信息，及时发现并解决问题，确保货物的安全和完整。

2.预警机制的重要性

在物流运输过程中，预警机制可以帮助物流企业及时发现潜在的问题和风险，提前采取措施，避免或减少损失。具体来说，预警机制的重要性主要体现在以下几个方面：

一是可以提高运输安全性，通过预警机制，物流行业可以及时发现货物的异常情况，如温度异常、湿度异常、振动异常等，从而及时采取措施，避免货物损坏或丢失。预警机制还可以帮助物流企业预防交通事故等风险，提高运输安全性。

二是可以提高运输效率，在物流运输中设立预警机制可提前了解运输过程中的交通状况、天气情况等信息，从而制订合理的运输计划，避免拥堵和延误。预警机制还能及时发现并解决运输过程中的问题，减少不必要的停留和等待时间，提高运输效率。

三是可以提高客户满意度，确保货物按时、安全、完整地送达目的地，提高客户满意度。通过实时向货主提供货物的运输状态、预计到达时间等信息，可以让货主随时了解货物的运输情况，减少不必要的担忧和焦虑。

为了更好地建立完善的预警机制，物流行业需要建立完善的预警系统，包括数据收集、分析、处理、反馈等多个环节。让预警系统可以快速、实时收集货物的运输状态、环境状态等信息，并通过数据分析和处理，及时发现异常情况并发出预警。并且还要制订应急预案，针对可能出现的异常情况，提前计划，制订相应的应急预案。应急预案需要包括应对措施、责任人、联系方式等内容，确保在异常情况发生时能够及时响应并采取有效措施。对物流作业负责人员进行培训，提高员工对预警机制的认识和重视程度，让他们了解预警系统的工作原理、操作流程和应急预案等内容，确保在异常情况发生时能够迅速响应并正确操作。注重先进技术的引入，如人工智能、大数据等，提高预警系统的智能化水平。数据分析和挖掘，可以更加准确地预测和发现潜在的问题和风险，提高预警系统的准确性和可靠性。

（二）异常情况的发现、报告与处理流程

在物流运输过程中，异常情况的发生是不可避免的。这些异常情况可能包括货物损坏、丢失、延误、交通事故、天气影响等。通过加强货物检查、运输监控和司机报告等手段，及时发现异常情况；按照规定的报告流程和内容进行报告；启动初步处理、协调处理和后续跟进等流程妥善处理异常情况。

1.异常情况的发现

在物流运输过程中，货物检查是发现异常情况的首要环节。货物检查包括装车前检查、途中检查和卸货后检查。装车前检查主要是对货物的数量、质量、包装等进行核对，确保货物符合运输要求；途中检查则是在运输过程中对货物进行定期检查，防止货物在运输过程中发生损坏或丢失；卸货后检查则是对货物进行最终核对，确保货物安全到达目的地。通过安装GPS定位、温湿度传感器等监控设备，可以实时了解货物的运输状态、位置信息以及环境条件。当运输过程中出现异常情况时，监控系统能够及时发现并发出警报，以便相关人员迅速采取措施。管理、作业人员是物流运输的主要执行者，在运输过程中能够直接观察到货物的状态和运输环境，发现货物损坏、丢失、延误等异常情况时，应立即向物流运输企业报告，以便企业及时采取措施。

2.异常情况的报告

当发现异常情况时，相关人员应立即按照物流运输企业的报告流程进行报告。一般来说，报告流程包括以下几个步骤：

（1）发现异常情况后，立即记录异常情况的详细信息，包括发生时间、地点、涉及货物、异常情况描述等。

（2）将异常情况报告给直接上级或相关部门负责人，以便其了解并采取措施。

（3）根据物流运输企业的规定，填写异常情况报告表，详细记录异常情况的发现、处理过程及结果。

（4）将异常情况报告表提交给相关部门进行审批和备案。

异常情况报告应包含以下内容：

（1）基本信息：包括报告人姓名、联系方式、所属部门等。

（2）异常情况描述：详细记录异常情况的发现时间、地点、涉及货物、具体情况等。

（3）处理过程：记录异常情况的处理过程，包括采取的措施、协调的部门、处理结果等。

（4）原因分析：对异常情况的原因进行分析，找出问题的根源，以便采取相应的预防措施。

（5）建议与改进：针对异常情况的处理过程，提出改进建议，以提高物流运输的效率和安全性。

3.异常情况的处理流程

当接收到异常情况报告后，物流运输企业应立即启动初步处理流程。初步处理包括以下几个方面：

（1）核实异常情况：对报告中的异常情况进行核实，确保信息的准确性。

（2）评估影响：评估异常情况对物流运输的影响程度，包括时间、成本、安全等方面。

（3）制订处理方案：根据评估结果，制订针对性的处理方案，明确处理措施、责任人和完成时间。

在初步处理的基础上，物流运输企业应协调相关部门和人员共同处理异常情况。协调处理包括以下几个方面：

（1）加强沟通：加强内部沟通，确保相关部门和人员了解异常情况及处理方案。

（2）协同配合：各部门和人员应按照处理方案的要求，协同配合，共同解决异常情况。

（3）及时调整：根据实际情况，及时调整处理方案，确保异常情况得到妥善处理。

在异常情况得到妥善处理后，物流运输企业应进行后续跟进工作。后续跟进工作包括以下几个方面：

（1）总结分析：对异常情况的处理过程进行总结分析，找出问题的根源，提出改进措施。

（2）完善制度：根据总结分析的结果，完善物流运输企业的相关制度和流程，提高物流运输的效率和安全性。

（3）培训教育：加强员工培训和教育，提高员工对异常情况的认识和处理能力。

（4）客户沟通：与客户保持沟通，及时告知客户异常情况的处理结果和改进措施，提高客户满意度。

（三）风险管理策略的制定与实施

物流运输过程中的风险管理是一个复杂而重要的工作。运输过程中不可避免地会遇到各种风险，如自然灾害、交通事故、人为错误等，这些风险不仅可能导致货物损失、延误，还可能对企业的声誉和经济效益造成严重影响。而通过制定并实施有效的风险管理策略，物流运输企业可以降低运输过程中的风险发生率，提高运输效率和服务质量，保障企业的稳定发展。

1.物流运输过程中常见的风险

在物流运输过程中，常见的风险主要包括以下几类：

（1）自然风险：如地震、洪水、台风等自然灾害，可能导致交通中断、货物损坏或丢失。

（2）交通事故风险：如车辆故障、交通事故等，可能导致运输延误、货物损坏或人员伤亡。

（3）人为风险：如操作失误、盗窃、欺诈等行为，可能导致货物损失、信息泄漏或法律纠纷。

（4）法规政策风险：如政策变动、法规调整等，可能对物流运输企业的运营产生重大影响。

2.风险管理策略的制定

制定风险管理策略是物流运输企业应对风险的第一步，其主要包括以下几个环节：

（1）风险识别：通过对物流运输过程中的各个环节进行梳理和分析，识别出可能存在的风险点。

（2）风险评估：对识别出的风险进行定性和定量分析，评估其发生的可能性和影响程度。

（3）风险应对：根据风险评估的结果，制定相应的风险应对措施，包括风险避免、风险减轻、风险转移和风险自留等。

（4）风险监控：建立风险监控机制，对物流运输过程中的风险进行实时监控和预警。

在制定风险管理策略时，还需要注意以下几点：

（1）综合性：风险管理策略应综合考虑物流运输过程中的各个环节和因素，确保策略的完整性和系统性。

（2）灵活性：风险管理策略应具有一定的灵活性，以适应不断变化的外部环境和内部条件。

（3）可操作性：风险管理策略应具有明确的操作步骤和责任人，以确保策略的有效实施。

3.风险管理策略的实施

通过培训增强员工的风险意识和应对能力，确保员工能够熟练掌握风险管理策略的操作步骤和注意事项。将风险管理策略转化为具体的管理制度，明确各级管理人员和操作人员的职责和权限，确保风险管理工作的有序开展。利用现代信息技术手段，如物联网、大数据、人工智能等，提高物流运输过程中的风险监控和预警能力，及时发现并处理潜在风险。与供应商、承运商、客户等合作伙伴建立紧密的沟通与协作机制，共同应对物流运输过程中的风险挑战。定期对风险管理策略的实施效果进行评估和反思，及时发现问题并解决，确保风险管理策略的持续有效性和适应性。

（四）与供应商、客户的协同管理和信息共享

在物流运输过程中，通过构建统一的协同管理平台、明确信息共享内容、制定协同管理流程、加强信息技术支持以及持续优化改进等策略的实施，与供应商和客户的协同管理与信息共享，可以实现物流运输过程中各方的紧密协作和高效沟通。这些策略的实施将有助于提高物流运输的透明度和可控性，降低运营成本，提升客户满意度和忠诚度，进而增强企业的市场竞争力。

1.协同管理与信息共享的重要性

通过协同管理与信息共享，物流运输过程中的各方能够实时了解货物的状态、位置及运输进度，及时做出调整，减少不必要的等待和延误，提高物流效率。还有助于实现资源的优化配置，减少不必要的库存和运输成本。同时，信息共享能够降低信息传递的误差和冗余，减少因信息不准确而导致的损失。

2.协同管理与信息共享的实施策略

一是建立协同管理平台，实现物流运输过程中的信息集中管理和共享。该平台应具备数据整合、分析、处理等功能，能够支持多方参与、实时交互。二是明确信息共享内容，根据物流运输的实际需求，明确需要共享的信息内容，如货物信息、运输计划、库存情况等。三是制定协同管理流程，明确各方在物流运输过程中的职责和权限，确保信息的及时传递和处理。要建立有效的沟通机制，确保各方能够顺畅地交流和协作。四是加强信息技术支持，利用先进的信息技术手段，如物联网、大数据、云计算等，提升协同管理平台的功能和性能。五是持续优化改进，定期对协同管理与信息共享的实施效果进行评估和反思，及时发现问题并进行改进。要关注行业发展趋势和客户需求变化，不断优化协同管理和信息共享策略。

第五章
物联网驱动的供应链协同

物联网驱动的供应链协同是指通过物联网技术实现供应链全链条各环节的紧密合作和高效协同。在物联网技术的支持下，供应链中的各个环节，包括供应商、制造商、分销商、零售商等，能够实时共享货物状态、运输情况、库存数据等关键信息，从而实现信息的快速流通和准确传递。这种协同方式不仅提高了供应链的透明度和可追溯性，还能通过对实时数据的分析处理，为供应链管理者提供更精准、更全面的决策支持。物联网驱动的供应链协同将传统的供应链管理模式推向了新的高度。它打破了“信息孤岛”，实现了供应链上下游企业之间的无缝对接，使得供应链的整体运行更加高效、灵活。通过物联网技术，企业可以实时监控货物的位置和状态，优化运输路径，降低运输成本；同时，还能根据实时数据分析预测市场需求，调整生产计划，避免库存积压或缺货现象的发生。物联网驱动的供应链协同还增强了供应链的抗风险能力。通过实时监控和数据分析，企业能够及时发现供应链中的潜在风险和问题，并采取相应的措施进行预防和解决，确保供应链的稳定运行。物联网驱动的供应链协同是一种创新的供应链管理模式，它通过物联网技术实现了供应链全链条的高效协同和精准管理，为企业的可持续发展提供了强有力的支持。

数据共享与供应链协同优化

物联网技术在现代供应链管理中，特别是在促进供应链协同和优化方面展现出了巨大的潜力。通过嵌入传感器、RFID标签等IoT设备，供应链中的各个环节能够实时收集和传输数据，从而实现对货物状态、位置和环境条件的实时监控。这种实时监控不仅提高了库存管理的准确性，减少了人为错误和库存成本，而且通过数据分析，企业能够更准确地预测需求变化，优化运输路径和库存管理。数据共享在供应链协同中的重要性不言而喻。在传统供应链管理中，信息闭塞和信息传递效率低下是制约供应链协同的关键因素。但通过数据共享，供应链中的各个环节可以实时共享信息，如市场需求、库存情况、生产进度等，从而打破"信息孤岛"，加强各环节之间的协作与沟通。数据共享不仅可以提高供应链的透明度和可追溯性，还能降低管理成本，提高整个供应链的运作效率。数据共享可以通过以下几种方式推动供应链的协同优化：通过实时共享货物位置、运输状态等信息，企业可以及时调整运输计划，避免货物积压和延误，提高运输效率；通过共享市场需求和库存数据，企业可以更准确地预测需求变化，优化生产计划，避免过量或不足的库存；数据共享还可以促进供应链中的合作伙伴之间的协作，共同应对市场变化和风险挑战，提高供应链的抗风险能力。

物联网技术和数据共享在现代供应链管理中具有不可替代的作用。它们通过实时数据收集、共享和分析，促进了供应链的协同和优化，提高了供应链的整体运作效率和竞争力。

一、数据共享在供应链协同中的重要性

（一）数据共享对供应链透明度的影响

在当今信息化高速发展的时代，数据共享已成为推动各行业进步的重要驱动力。数据共享是指在不同部门、不同组织之间，通过特定的方式和方法，将各自所拥有的数据资源进行共享和交换的过程。在供应链管理中，数

据共享主要涉及供应商、制造商、分销商、零售商等各个环节之间的信息共享。通过数据共享，供应链各参与方可以实时获取到所需的信息，从而更好地协同合作，提高供应链的整体效率。

供应链透明度是指企业在供应链管理中公开相关信息和数据，以增加对供应链的了解和控制。供应链透明度可以提高供应链的可视性和可追溯性，降低供应链的风险和成本，促进供应链的可持续发展。供应链透明度包括以下几个方面：

1.信息公开

企业应公开其供应链管理的相关信息和数据，包括供应商的名称、地址、供货量、质量评估等，以便供应链各方了解和掌握供应链的情况。

2.数据共享

企业应与供应商共享相关数据和信息，包括订单信息、生产计划、物流计划等，以便供应商更好地了解和适应企业的需求。

3.监督检查

企业应建立完善的监督检查机制和体系，包括供应商评估、监督检查、风险评估等，以便及时发现和解决供应链管理中存在的问题。

数据共享可以提高供应链的可见性，使供应链各参与方能够实时了解供应链的整体运作情况。通过数据共享平台，供应链各参与方可以实时获取到所需的信息，如库存水平、订单状态、生产进度等，从而实现对供应链的实时监控和管理。这种可见性的提高有助于降低信息不对称带来的风险，提高供应链的响应速度和灵活性。数据共享有助于企业更准确地预测需求，降低库存水平。通过实时共享销售数据、库存数据等信息，供应链各参与方可以更好地协调生产和销售计划，避免因为信息不畅通而导致的库存积压问题。这不仅可以降低库存成本，还可以减少资金占用和仓储成本，提高企业的资金利用效率。数据共享可以提高供应链的协同性，进而提高交付准时率。通过实时共享订单信息、生产计划、物流计划等数据，供应链各参与方可以更好地协调各个环节的运作，及时发现并解决潜在问题。这种协同性的提高有助于减少生产延误和物流延误等问题，提高交付准时率，增强客户满意度。数据共享有助于企业发现供应链中的低效环节，优化资源配置，降低成本。通过实时共享成本数据、效率数据等信息，供应链各参与方可以深入了解各个环节的成本构成和效率水平，从而挖出潜在的改进空间。例如，企业可以通过分析物流成本数据，发现物流运输中的“瓶颈”环节，进而优化物流路径和运输方式，降低物流成本。此外，企业还可以通过共享质量数据、退货数据等信息，发现产品质量问题并及时解决，降低质量成本和退货成本。

以某电子产品制造企业为例，该企业通过实施SRM（Supplier Relationship Management）软件系统实现了与供应商之间的数据共享。该系统可以实时收集和处理供应链中的各类数据，如供应商信息、采购订单、库存水平、交货时间等，并将这些数据共享给供应链各环节的参与者。通过数据共享，该企业实现了对供应链的实时监控和管理，提高了供应链的透明度和可视性。该企业还利用数据共享平台与供应商进行协同合作，共同解决供应链中存在的问题，提高了供应链的响应速度和灵活性。在实施数据共享后，该企业的库存水平明显下降，交付准时率显著提高，供应链成本得到了有效降低。

通过数据共享，企业可以提高供应链的可见性、降低库存水平、提高交付准时率并优化供应链成本。企业应加强与供应链各参与方的合作与沟通，共同推动供应链透明度的提升和供应链的可持续发展。

（二）数据共享如何提升供应链反应速度和灵活性

在全球化和数字化的今天，企业需要快速响应市场变化，灵活调整供应链策略以满足客户需求。数据共享是物联网一种有效的信息流通方式，可以提升供应链反应速度和灵活性。在供应链管理中，数据共享是指供应链各方通过特定的方式和方法，将各自所掌握的数据资源进行共享和交换的过程。这些数据可能包括库存信息、订单信息、生产计划、物流信息等。通过数据共享，供应链各方可以更好地了解彼此的需求和情况，从而做出更加准确和及时的决策。数据共享使供应链各方能够实时获取到所需的信息，提高供应链的透明度。这有助于减少信息不对称带来的风险，提高供应链的稳定性。通过数据共享，供应链各方可以更加紧密合作，共同应对市场变化和挑战。这种协同合作有助于提高供应链的反应速度和灵活性。数据共享有助于企业更好地了解供应链中的资源分布情况，从而做出更加合理的资源配置决策。这有助于降低库存成本、提高生产效率并减少浪费。

数据共享使供应链各方能够实时获取到市场需求的变化情况。通过实时共享销售数据、客户反馈等信息，企业可以更加准确地预测市场需求，并快速调整生产计划和库存策略。这种快速响应市场需求的能力有助于提高供应链的反应速度，使企业能够更好地满足客户需求。在供应链管理中，决策周期的长短直接影响到供应链的反应速度。通过数据共享，供应链各方可以更加快速地获取到所需的信息，从而缩短决策周期。例如，当某个环节出现问题时，企业可以迅速通过数据共享平台获取相关信息并做出决策，避免问题进一步恶化并减少损失。

数据共享有助于供应链各方实现协同合作。通过实时共享订单信息、生产计划、物流计划等数据，供应链各方可以更好地协调各个环节的运作并优化资源配置。这种协同效率的提高有助于缩短生产周期和物流时间，从而提高供应链的反应速度。

通过数据共享平台，企业可以实时获取到市场需求和库存情况等信息。当市场需求发生变化时，企业可以迅速调整生产计划并优化库存策略以适应市场变化。这种灵活调整生产计划的能力有助于提高供应链的灵活性并降低库存风险。数据共享有助于企业制订多样化的物流方案。通过实时共享物流信息和运输数据等信息，企业可以更加准确地预测物流需求和运输时间并制订相应的物流方案。这种多样化的物流方案有助于提高供应链的灵活性并降低物流成本。数据共享使企业能够实现定制化供应链管理。通过实时共享客户需求和产品数据等信息，企业可以更加准确地了解客户需求和偏好并制定相应的供应链策略。这种定制化供应链管理有助于提高供应链的灵活性和客户满意度。

尽管数据共享对于提升供应链反应速度和灵活性具有重要作用，但在实际实施过程中也面临着一些挑战。例如，数据安全和隐私保护问题、数据格式和标准化问题以及数据共享意愿问题等。为了应对这些挑战并充分发挥数据共享的优势，企业应建立完善的数据安全保护机制和技术手段，确保数据在共享过程中的安全性和隐私性。制定统一的数据标准和规范以确保数据的准确性和一致性，降低数据共享过程中的沟通成本。积极与供应链各方沟通和协商，提高数据共享的意愿和积极性。政府和社会各界也应加强对数据共享的宣传和推广力度。通过数据共享平台实现信息实时共享和协同合作，企业可以更加准确地预测市场需求、快速响应市场变化并优化资源配置。

（三）数据共享在风险管理中的作用

在数字化时代，数据已成为企业运营和决策的重要资源。在风险管理中，数据共享不仅能帮助企业更好地识别、评估和控制风险，还能提高风险管理的效率。

数据共享使得企业能够获取到更广泛、更全面的数据资源，从而更全面地了解市场环境、行业趋势、客户需求等信息。这些信息对于识别潜在风险至关重要。通过数据共享，企业可以及时发现市场变化、政策调整、竞争对手动态等可能带来的风险，从而提前做好风险预警和防范措施。风险评估是风险管理的核心环节，其准确性直接影响到风险管理的效果。数据共享可以提供更加详细、准确的数据支持，使得风险评估更加客观、科学。通过共享历史数据、案例数据等，企业可以更加准确地评估风险的概率、影响程度和可能带来的损失，为制定风险应对措施提供有力支持。在风险应对过程中，数据共享可以加速信息传递和沟通，提高风险应对的效率。通过数据共享平台，企业可以实时了解风险情况、跟踪风险进展，并快速协调各方资源进行风险应对。此外，数据共享还可以帮助企业建立更加紧密的合作关系，共同应对风险挑战。

企业可以建立风险信息共享平台，将各类风险信息整合到一个平台上进行集中管理。这一平台包括市场风险、信用风险、操作风险等各类风险信息，并提供数据查询、分析、报告等功能。通过该平台，企业可以更加便捷地获取到所需的风险信息，提高风险管理的效率。在供应链管理中，通过共享供应商信息、库存信息、物流信息等数据，企业可以更加准确地掌握供应链的情况，及时发现潜在风险并进行预警。此外，数据共享还可以帮助企业优化供应链管理流程，提高供应链的可靠性和稳定性。大数据技术为风险管理提供了新的手段和方法。通过收集和分析海量数据，企业可以更加深入地了解各种风险的特征和规律，提高风险评估的准确性和有效性。大数据技术还可以帮助企业建立风险预测模型，对未来可能出现的风险进行预测和预警。

数据共享在风险管理中具有诸多优势，但在实际应用过程中也面临着一些挑战。数据安全和隐私保护是数据共享过程中需要重点关注的问题。企业需要建立完善的数据安全保护机制和技术手段来确保数据的安全性和隐私性。数据共享可能涉及不同部门、不同企业之间的利益协调和沟通问题。企业需要建立有效的沟通机制和利益协调机制来推动数据共享的实现。为了克服数据共享在风险管理中的挑战并充分发挥其优势作用，企业需要采取以下对策：一是加强数据安全和隐私保护意识与技术手段的建设；二是建立有效的沟通机制和利益协调机制来推动数据共享的实现；三是加强对数据共享平台的建设和管理，提高平台的稳定性和可靠性；四是积极引入和应用新技术手段来提高数据共享的效率和质量。通过数据共享平台的建设和应用，企业可以更加全面地了解风险情况、提高风险评估的准确性和有效性、提高风险应对的效率和质量。

二、物联网技术对数据共享的推动作用

（一）物联网如何提供实时、准确的数据

物联网技术，通过嵌入物体中的传感器、执行器、网络通信设备等实现物体之间的信息交互和智能识别。它涉及传感器数据的收集、网络连接、数据处理等多个环节，能够为各种应用场景提供强大的技术支持。在供应链管理中，物联网技术的应用已经越来越广泛，从原材料的采购、生产、仓储到运输、销售等各个环节，都可以看到物联网技术的身影。

物联网中的传感器和RFID等设备能够实时收集环境中的信息，如温度、湿度、光照等。这些设备通常具有高度的自动化和智能化，能够在无人干预的情况下自动进行数据采集。物联网中的传感器通常采用高精度的设计和制造工艺，以确保采集到的数据具有较高的准确性。传感器还需要经过严格的校准和测试，以确保其测量结果的可靠性。物联网中的网络层采用了多种高效的通信技术，这些技术能够实现数据的快速传输。云计算技术的引入使得物联网能够处理海量的数据，并确保数据的实时性。物联网中的应用层采用了大数据分析、人工智能等技术，能够对接收到的数据进行快速处理和分析。这些技术能够实时识别出数据中的异常和趋势，为决策提供实时支持。在数据采集过程中，可能会受到各种干扰和噪声的影响，导致数据质量下降。在数据进入应用层之前，需要进行数据清洗和预处理。这些操作包括去除重复数据、填充缺失值、平滑噪声等，以提高数据的准确性。例如，智能家居系统通过物联网技术，能够实时收集家庭环境中的数据，如温度、湿度、光照等，并根据这些数据自动调节家居设备的运行状态，提高居住的舒适性和节能性。在工业自动化领域，物联网技术能够实时地监控生产线的运行状态，包括设备的温度、压力、振动等参数。通过对这些数据的分析，可以及时发现生产过程中的异常情况，并采取相应的措施进行处理，确保生产的稳定性和安全性。智慧城市通过物联网技术，能够实时地收集城市中的各种数据，如交通流量、空气质量、公共安全等。通过对这些数据的分析，可

以为城市管理者提供决策支持，优化城市的资源配置和提高运营效率。

在供应链管理中，数据共享是实现各环节协同工作的关键。物联网技术通过其独特的优势，极大地促进了供应链各环节之间的数据共享。物联网技术通过无线网络连接，将采集到的数据传输到云端或中央服务器，实现数据的集中管理和共享。这使得供应链中的各个环节能够实时获取所需的数据，打破了“信息孤岛”，提高了信息的流通效率。在数据传输过程中，物联网技术通过数据加密、身份验证等安全措施，确保数据的安全性和可靠性。物联网技术还可以对数据进行预处理和清洗，去除冗余和错误信息，提高数据的质量。例如，在冷链物流中，物联网技术可以通过温度传感器实时监测货物的温度数据，并通过网络将这些数据传输到中央服务器。供应链管理者可以根据这些数据及时调整运输计划，确保货物的质量和安全。

（二）物联网在数据整合和标准化中的贡献

物联网技术极大地推动了数据整合和标准化的发展。通过物联网，人们能够收集、交换和处理来自各种设备和系统的数据，从而实现数据的无缝流动和高效利用。物联网通过部署各种传感器和智能设备，能够实时采集环境中的各类数据，如温度、湿度、压力、位置等。这些设备将采集到的数据通过无线通信技术（如Wi-Fi、ZigBee、LoRa等）或有线通信技术（如以太网、光纤等）传输到数据中心或云端，实现了数据的实时收集和传输。物联网平台是数据整合的枢纽，能够将来自不同设备和系统的数据进行汇聚和集中管理。这些平台通常具有强大的数据处理能力，能够对海量数据进行清洗、预处理、存储和分析。通过物联网平台，企业可以方便地获取所需的数据，并进行后续的数据分析和应用。物联网技术打破了传统“数据孤岛”的现象，实现了数据的共享和协同工作。通过物联网平台，不同部门、不同企业甚至不同行业之间可以共享数据资源，共同开展数据分析和应用。这种数据共享和协同工作的模式，极大地提高了数据的利用效率和应用价值。

物联网技术涉及多个领域和多个层面，需要制定一系列的标准和规范来确保设备的互联互通、数据的统一表示和传输等。我国在物联网国际标准化方面也取得了一定的进展和成效，如成立了“传感网标准化工作委员会”，加入了国际物联网联盟（OneM2M）等，积极参与国际物联网标准的制定和推广。物联网的标准化工作，特别是设备互联互通方面的标准制定，为各种物联网设备之间的互联互通提供了可能。通过遵循统一的标准和规范，不同厂商生产的设备可以实现相互识别和通信，从而提高了物联网系统的兼容性和可扩展性。物联网的标准化工作还涉及数据表示和传输格式的统一。通过制定统一的数据格式和传输协议，可以确保数据在物联网系统内部的正确表示和传输，从而避免了因数据格式不统一而导致的兼容性问题。有助于提高数据的质量和准确性。通过制定严格的数据采集、传输和处理标准，可以确保数据的准确性和可靠性，从而为后续的数据分析和应用提供有力支持。

例如，物联网技术通过整合城市中的各种数据资源，实现了对城市基础设施、交通、环境等方面的实时监测和管理。智慧城市的建设也推动了物联网的标准化工作，如制定统一的城市物联网标准体系、推动城市物联网设备的互联互通等。在工业互联网领域，物联网技术通过整合生产过程中的各种数据资源，实现了对生产设备的实时监控、故障预警和远程控制等功能。工业互联网的发展也推动了物联网的标准化工作，如制定统一的工业物联网标准体系、推动工业物联网设备的互联互通等。

物联网在数据整合和标准化中通过实时数据采集与传输、数据汇聚与集中管理、数据共享与协同工作等方式，实现了数据的无缝流动和高效利用。为各种物联网设备之间的互联互通、数据的统一表示和传输等提供了有力支持。

（三）物联网增强数据共享的安全性和可靠性

物联网技术以其独特的优势，为数据共享提供了强大的支持，显著增强了数据共享的安全性和可靠性。物联网技术能够实时采集和处理各种信息，保证数据的时效性和准确性。通过智能设备实现数据的自动采集、传输和处理，提高了工作效率和智能化水平，实现了各种设备和系统之间的互联互通，打破了“信息孤岛”，实现了数据共享。但由于网络攻击、内部人员泄漏等原因，敏感数据可能被非法获取和利用。攻击者可能通过篡改数据来干扰正常的业务运行，造成损失。如何确保只有合法的用户才能访问和使用数据，是数据共享过程中需要解决的重要问题。

物联网设备在数据传输过程中，采用数据加密技术对数据进行加密处理，确保数据在传输过程中不被非法获取。常见的数据加密算法包括对称加密算法和非对称加密算法。通过对称加密算法，物联网设备使用相同的密钥对数据进行加密解密，实现高效的数据传输；而非对称加密算法则通过公钥和私钥的配对，确保数据传输的安全性和可靠性。物联网设备通过访问控制技术，限制只有具备相应权限的用户才能访问和使用数据。常见的访问控制技术包括身份认证、权限管理和审计追踪。身份认证通过验证用户身份来确定其是否具备访问权限；权限管理则根据用户的身份和角色分配相应的权限；审计追踪可以记录用户的操作行为，对数据访问进行监控和追踪。物联网设备在数据共享过程中，采用匿名化技术去除个人身份和敏感信息的关联性，保护用户隐私。常见的匿名化方法包括一致性哈希、k—匿名和差分隐私等。这些技术能够在保证数据可用性的同时，降低数据泄漏和滥用的风险。物联网通过提升边缘物联网能力，将数据处理和存储功能推向网络边缘，减少数据传输延迟和拥塞。这不仅可以提高数据处理的实时性和准确性，还可以减少数据中心的负载压力，提高系统的稳定性和可靠性。物联网在数据共享过程中，需要构建多层防御体系以抵御网络威胁。这包括在设备、网络、应用等多个层面实施安全防护措施，如防火墙、入侵监测系统、安全审计等。物联网还需要采用多重身份验证（MFA）和严格的身份以及访问管理（IAM）协议，确保只有合法的用户和设备才能访问和使用数据。

物联网技术以其独特的优势，为数据共享提供了强大的支持，显著增强了数据共享的安全性和可靠性。随着物联网技术的不断发展和完善，其在数据共享领域的应用将更加广泛和深入。

三、供应链协同优化的策略与实践

（一）基于物联网数据的供应链预测与计划

物联网技术使得供应链数据的收集不再依赖人工录入或定期报告，而是能够实时、自动地收集数据，保证了数据的及时性和准确性。这对于供应链管理者来说至关重要，因为他们需要根据实时数据做出快速、准确的决策。

供应链预测涉及对市场需求、生产能力、运输能力等方面的预测。基于物联网数据的供应链预测，能够更准确地把握市场动态和供应链状态，提高预测的准确性。通过分析物联网收集到的销售数据、消费者行为数据等，可以预测未来市场需求的变化趋势。结合历史数据和市场趋势，可以建立预测模型，对市场需求进行量化预测。物联网技术可以实时监测生产设备的运行状态、生产进度等信息，结合生产计划和库存水平，可以预测未来一段时间内的生产能力。这有助于企业及时调整生产计划，避免生产过剩或生产不足的情况发生。物联网技术可以实时监测运输车辆的位置、速度、装载状态等信息，结合交通状况、天气等因素，可以预测未来一段时间内的运输能力。

这有助于企业提前安排运输计划，确保货物按时到达目的地。

供应链计划是指根据预测结果和市场需求，制订具体的采购、生产、运输等计划。基于物联网数据的供应链计划，能够更准确地把握供应链状态，制订更合理的计划。通过分析物联网收集到的库存数据、销售数据等信息，可以预测未来一段时间内的原材料和零部件需求。企业可以根据预测结果制订采购计划，确保原材料和零部件的及时供应。结合物联网收集到的生产数据和市场需求预测结果，企业可以制订更合理的生产计划。通过调整生产线的配置、优化生产流程等方式，可以提高生产效率和质量，满足市场需求。物联网技术可以实时监测货物的运输状态，结合运输能力和市场需求预测结果，企业可以制订更合理的运输计划。通过优化运输路线、选择合适的运输方式等方式，可以降低运输成本和时间成本，提高客户满意度。

物联网数据的准确性和可靠性直接影响到供应链预测与计划的准确性。物联网技术通过高精度传感器和先进的数据处理技术，减少人为错误和误判，提高决策的科学性和准确性。因此，企业需要采取措施来保障数据的质量，如数据清洗、数据校验等。物联网技术不断更新换代，企业还需要不断跟进新技术的发展，培养专业的技术人才来支持供应链预测与计划的工作。

（二）物联网在供应链执行与监控中的应用

1.物联网在供应链执行中的应用

物联网技术通过传感器实时监测库存量、货物存放条件等信息，帮助企业实现库存的精准管理和优化。企业可以根据实时数据调整库存策略，避免库存积压或缺货情况的发生。物联网技术还可以实现自动化订货和补货，提高库存周转率和资金利用效率。通过电子标签和传感器实时追踪货物的位置、状态、温湿度等信息，使得供应链管理者能够随时了解货物的运输情况。这有助于提高物流的透明度和可追溯性，减少物流延误和损耗。物联网技术通过监测设备运行数据和状态，可以及时发现设备异常或故障的迹象，提前进行维护和保养。这种预测性维护模式能够降低维修成本，延长设备使用寿命，提高供应链的稳定性和可靠性。实现对供应商的实时监控并进行评估，包括供应商的交货准时率、产品质量等信息。这有助于企业优化供应商管理，提高供应链的稳定性和可靠性。

2.物联网在供应链监控中的应用

物联网技术可以实现对供应链中各个环节的实时监控和追踪。通过在货物、设备或车辆上植入传感器，可以实时获取它们的位置、状态、温湿度等信息，从而实现对整个供应链的可视化管理。这有助于企业及时发现问题并采取措施，提高供应链的运作效率。物联网技术可以实时监控运输车辆的性能和驾驶员行为，提供关于车辆速度和位置的实时数据。通过这些数据，企业可以优化车队管理，减少闲置时间，节省燃料并减少事故发生率。这种解决方案不仅提高了运输效率，还降低了运营成本。物联网技术收集大量的供应链数据，通过数据分析和挖掘，帮助企业发现潜在的问题和优化空间。通过对供应链数据的分析，企业可以优化供应链设计、调整供应链流程，提高供应链的效率和灵活性。这种数据驱动的供应链管理有助于企业更好地应对市场变化和客户需求，提高竞争力。物联网技术提高了供应链的可见性和可追溯性，使得企业能够实时掌握供应链的运作情况。物联网技术还提高了供应链的自动化和智能化水平，降低了人工干预的需求，提高了供应链的运作效率，降低了企业的运营成本，提高了资金利用效率。

物联网技术在供应链执行与监控中的应用为企业带来了诸多优势，使得供应链的运作更加高效、智能和可控。企业要根据自身情况制定合理的物联网技术应用策略，充分发挥物联网技术的优势，提高供应链的竞争力。

（三）利用物联网数据进行供应链绩效评估与改进

物联网技术通过各类传感器、RFID标签、智能设备等手段，实时收集供应链各环节的数据，如库存水平、生产进度、运输状态等。这些数据经过处理和分析，可以形成全面的、实时的供应链信息。企业可以利用这些数据对供应链的绩效进行评估，包括交货准时率、库存周转率、运输成本等关键指标。基于物联网数据，企业可以构建绩效评估模型，对供应链的绩效进行量化评估。绩效评估模型可以根据企业的实际需求进行定制，包括评估指标的选择、权重的设定、评分方法的确定等。通过模型评估，企业可以了解供应链的绩效水平，识别存在的问题和不足。为了更直观地展示供应链绩效评估结果，企业可以利用数据可视化技术将评估结果以图表、仪表板等形式展示出来。通过可视化展示，企业可以快速地了解供应链的绩效状况，及时发现异常和瓶颈环节，为后续的改进提供指导。

通过对物联网数据的分析，企业可以识别供应链中存在的问题和“瓶颈”环节。例如，库存积压、生产延误、运输效率低下等问题都可以通过数据分析被发现。企业可以根据问题的性质和严重程度制定相应的改进措施。企业可对供应链流程进行优化。通过分析供应链中的“瓶颈”环节和冗余环节，企业可以调整生产计划、运输路线、库存策略等，提高供应链的效率和灵活性。企业还可以利用物联网技术实现供应链的自动化和智能化管理，降低人工干预的需求。物联网数据还能够帮助企业预测和预防供应链中的风险。通过对历史数据的分析，企业可以建立风险预测模型，对潜在的风险进行预警和防范。例如，企业可以根据历史销售数据预测未来的市场需求变化，提前调整生产计划和库存策略；利用物联网技术实时监测运输车辆的状态和位置，预防运输延误和事故等风险。

企业常用于实现供应链协同优化的方法和策略信息共享：信息共享是实现供应链协同的基础。通过建立信息共享平台或系统，供应链中的各个环节可以实时共享订单、库存、生产进度等关键信息。这有助于企业准确掌握供应链状况，及时调整生产计划和物流策略，提高供应链的响应速度和准确性。信息共享的具体实施步骤包括确定共享信息的范围、建立信息共享平台、制定信息共享规则等。预期效果包括降低库存成本、提高订单履行率、减少缺货率等。决策协同：决策协同是指供应链中的各个环节在决策过程中进行充分的沟通和协商，以实现共同的目标。通过决策协同，企业可以共同制定生产计划、物流策略、库存管理政策等。这有助于避免企业间的利益冲突和矛盾，提高供应链的整体绩效。决策协同的具体实施步骤包括确定决策协同的目标、建立决策协同机制、进行决策协商和达成共识等。预期效果包括提高生产效率、降低物流成本、增强供应链的灵活性等。资源调配：资源调配是指根据供应链的实际需求，对供应链中的资源进行合理的分配和调度。通过资源调配，企业可以确保对资源的充分利用和高效运作，避免资源的浪费和闲置。资源调配的具体实施步骤包括分析供应链资源需求、制订资源调配计划、进行资源调配和监控等。预期效果包括提高资源利用效率、降低运营成本、增强供应链的可靠性等。

这些方法和策略在提高供应链效率、降低成本、增强竞争力等方面具有显著作用。通过信息共享，企业可以实时掌握供应链状况，及时调整生产计划和物流策略，提高供应链的响应速度和准确性；通过决策协同，企业可以共同制订生产计划、物流策略等，避免利益冲突和矛盾，提高供应链的整体绩效；通过资源调配，企业可以确保资源的充分利用和高效运作，降低运营成本，增强供应链的可靠性。

物联网技术能够实时收集供应链中的数据，保证了数据的及时性和准确性。这使得企业能够更准确地评估供应链的绩效，并及时发现存在的问题和不足。能够收集供应链中各个环节的数据，形成全面的供应链信息。通过数据可视化技术，企业可以更直观地展示供应链绩效评估结果，便于企业快速了解供应链的绩效状况。不仅可以帮助企业评估供应链的绩效，还可以预测和预防供应链中的风险。这使得企业能够提前采取措施防范风险，降低损失。物联网数据的准确性和可靠性直接影响到供应链绩效评估的准确性。因此，企业需要采取措施来保障数据的质量，如数据清洗、数据校验等。

利用物联网数据进行供应链绩效评估与改进是企业提升供应链竞争力的重要途径。通过实时收集、处理和分析供应链中的数据，企业可以更准确地评估供应链的绩效，发现存在的问题和不足，并采取有效的改进措施。

物联网技术在供应链协同中的案例分析

一、案例选择与背景介绍

本案例选择了一家国际知名的电子产品制造企业——星科电子有限公司（以下简称“星科”），它是当前物联网技术在供应链协同中成功应用的代表。星科以其创新的物联网技术应用，在供应链协同方面取得了显著成效。

（一）案例背景

星科是一家在全球范围内具有影响力的电子产品制造商，其产品涵盖智能手机、平板计算机、智能家居等多个领域。随着市场竞争的加剧和消费者需求的日益多样化，星科面临着提高供应链协同效率、降低成本的挑战。星科的供应链结构复杂，涉及多个供应商、分销商和物流合作伙伴。为了应对市场变化，星科需要实时掌握供应链各环节的信息，实现快速响应和协同决策。

（二）案例目标

星科实施物联网技术的目标主要包括：提高供应链透明度，实时掌握各环节信息；优化库存管理，降低库存成本；降低物流成本，提高物流效率；提高供应链协同效率，缩短产品上市时间。

二、物联网技术在案例中的具体应用

（一）物联网技术如何被集成到供应链管理中

物联网技术在供应链管理中通过实时数据收集、处理和分析，提高供应链管理的效率和准确性。物联网技术的基础之一是RFID技术。通过在产品和设备上使用RFID标签，可以实时追踪和识别这些物品在供应链中的位置和状态。在供应链的关键环节（如仓库、运输车辆等）部署传感器，可以收集如温度、湿度、位置等实时数据，确保产品在存储和运输过程中的质量。物联网云平台为实时数据的收集、存储、分析和可视化提供了基础。通过云平台，供应链管理者可以随时随地访问和分析数据。为了实现技术集成，一是开展需求分析与规划，识别供应链中的关键问题和需要优化的环节，确定物联网技术应用的范围和目标，制定技术集成的时间表和预算。二是开展技术选型与采购，根据需求选择合适的RFID标签、传感器和云平台，采购必要的硬件和软件设备。三是进行系统设计与部署，设计物联网系统的架构和流程，在仓库、运输车辆等关键位置部署RFID标签和传感器，搭建和配置物联网云平台，确保数据的实时收集和传输。四是数据集成与分析，将收集到的数据集成到供应链管理系统中，使用数据分析工具对数据进行处理和分析，提取有价值的信息。五是实现应用开发与优化，根据分析结果开发相应的应用功能，如库存预警、运输路径优化等，对系统进行持续优化和升级，确保物联网技术的有效应用。

本案例中，星科选择了先进的物联网技术，包括RFID、GPS、传感器等，以实现对供应链各环节信息的实时采集。星科还搭建了一个基于云计算的供应链协同平台，用于数据的集成、分析和共享。星科与供应商、分销商等合作伙伴建立了信息共享机制，通过供应链协同平台实现数据的实时传输和共享。这些数据包括订单信息、库存数据、生产进度等，为供应链的协同管理提供了有力支持。

（二）物联网技术在数据共享、流程优化等方面的实际作用

物联网技术正在深刻地改变着数据共享和流程优化的方式，物联网技术不仅促进了数据的高效共享，还推动了流程的优化和智能化。物联网技术通过部署各种传感器和智能设备，能够实时收集供应链、生产线、仓储等各个环节的数据。这些数据通过物联网平台进行集中存储和管理，实现了数据的实时共享。例如，在供应链管理中，物联网技术可以实时追踪货物的位置、状态和温度等信息，确保信息的透明度和准确性。在数据共享过程中，物联网技术通过加密、认证和访问控制等手段，确保了数据的安全性。物联网平台采用先进的安全技术，有效防止了数据泄漏、篡改和非法访问。这为企业和供应链合作伙伴提供了可信赖的数据共享环境。物联网平台具备强大的数据处理和分析能力，可以对收集到的数据进行实时处理和分析，提取有价值的信息。这为企业提供了决策支持，帮助企业更好地了解市场需求、优化生产和库存等。例如，在实施过程中，星科遇到了数据安全问题、设备兼容性问题等各种挑战。为了应对这些挑战，星科采取了一系列相应措施：加强数据加密和访问控制，确保数据的安全可靠；选择兼容性强的物联网设备和系统，减少设备间的互操作性问题；对员工进行物联网技术培训，提高员工的技术水平和应用能力。

物联网技术通过实时数据收集和分析，实现了对生产、仓储、运输等流程的实时监控。当流程中出现异常或潜在问题时，物联网平台能够及时发出预警，帮助企业快速响应并解决问题。这降低了生产中断和延误的风险，提高了流程的稳定性和可靠性。实现了流程的自动化和智能化。在生产线中，物联网技术可以实现设备的自动调度和协同工作，提高生产效率。在仓储管理中，物联网技术可以实现货物的自动分类、存储和检索，降低人工成本和错误率。通过物联网技术的应用，星科实现了供应链各环节信息的实时共享和协同决策。这使得星科能够更快速地响应市场变化，缩短产品上市时间，提高客户满意度。物联网技术帮助星科实现了库存的精准管理，避免了过多的库存积压和浪费。物流效率的提高也降低了物流成本。据统计，实施物联网技术后，星科的库存成本降低了20%，物流成本降低了15%。

物联网技术通过实时监测设备的运行状态和性能参数，可以实现预测性维护和故障预防。当设备即将出现故障时，物联网平台可以提前发出预警，帮助企业提前进行维护和更换。这降低了设备故障对生产的影响，提高了设

备的可靠性和使用寿命。通过提高供应链协同效率和降低成本，星科产品更具竞争力。这使得星科在全球电子产品市场中获得了更多的市场份额和客户认可。

（三）物联网技术对供应链协同带来的直接和间接效益

物联网技术为供应链的协同管理带来了前所未有的变革，使得供应链的信息流、物流和资金流更加透明、高效和准确，从而提高了整个供应链的协同效率和竞争力。

物联网技术通过将传感器、RFID等设备嵌入供应链的各个环节中，实现了对物流、生产、库存等信息的实时采集和传输。这使得供应链的信息流更加透明和可视化，企业可以实时掌握货物的位置、状态、数量等信息，以及供应链中的生产、库存、配送等环节的情况。这种实时可视化和透明化有助于企业及时发现问题，优化资源配置，提高供应链的响应速度和准确性。物联网技术通过自动化设备和智能算法，实现了对供应链中各个环节的自动化和智能化管理。例如，通过物联网技术实现的智能仓储系统可以自动进行货物的入库、出库、盘点等操作，大大提高了仓储管理的效率和准确性。物联网技术还可以根据实时的运输数据和路况信息进行路线优化和配送计划调整，提高物流配送的效率和质量。这种自动化和智能化管理有助于降低人力成本，提高供应链的协同效率和准确性。通过大数据分析和人工智能技术，实现了对供应链的精细化管理。通过对供应链中各个环节的数据进行收集和分析，企业可以更加准确地了解供应链的运行情况，发现潜在的问题和风险，并采取相应的措施进行优化和改进。这种精细化管理有助于企业提高供应链的效率和可靠性，降低库存成本和运输成本，提高客户满意度。

物联网技术还会带来间接效益，通过优化资源使用和工作流程来降低企业成本。物联网技术可以实现设备的实时监控和预测性维护，降低设备的故障率和减少设备的停机时间，降低维修成本。物联网技术可以优化库存管理和供应链，减少过剩和短缺造成的费用。例如，通过物联网技术实现的智能库存管理系统可以实时监测库存量、存放位置和货物状态等信息，并根据需求进行库存调配和补货等操作，降低库存成本。物联网技术还可以优化运输和配送流程，降低运输成本。物联网技术可以提高供应链的服务质量。通过实时数据分析和智能算法，企业可以更加准确地预测客户的需求和偏好，并据此提供个性化的服务。例如，在物流配送方面，物联网技术可以实现对配送车辆的实时监控和管理，提高配送效率和质量。物联网技术还可以实现货物的追溯和防伪功能，保障消费者的权益和安全。这可提高服务质量并有助于增强企业的品牌形象和竞争力。

物联网技术可以催生出一些新的业务模式和服务，为供应链的发展带来更多的机会和挑战。例如，基于物联网技术的供应链金融、物流保险、物流共享经济等新型业务模式正在逐渐兴起。这些新型业务模式通过物联网技术实现对供应链的实时监控和管理，降低了风险和成本，提高了供应链的效率和可靠性。这些新型业务模式还可以为供应链中的各个环节提供更多的增值服务和支持，促进供应链的协同发展。

其他领域如物流运输监控系统，是一种基于物联网技术的实时监控系统，能够对运输车辆的位置、速度、货物状态等信息进行实时监控和追踪。通过物联网技术的应用，该系统可以大大提高物流运输的安全性和效率，防止货物被盗和遗失，减少交通事故。该系统还可以根据实时的运输数据进行路线优化和运输计划调整，提高物流运输的效率和质量。物联网供应链追溯系统是一种基于物联网技术的供应链管理系统，通过标签和传感器等设备对供应链环节的信息进行实时采集和追踪。该系统可以实现对物料和货物的追溯和管理，确保产品质量和安全。该系统还可以帮助企业实现对供应链环节的优化和调整，提高供应链的效率和可靠性。例如，在食品行业中，物联网供应链追溯系统可以实现对原材料、加工过程、运输过程等环节的实时监控和追溯，确保食品的安全和质量。

三、案例分析与讨论

（一）分析物联网技术对供应链协同的具体影响

物联网技术通过实现信息的实时采集、传输和处理，为供应链带来了前所未有的透明度和高效率。企业可以实时掌握货物的位置、状态、数量等信息，以及供应链中的生产、库存、配送等环节的情况。这种透明度有助于企业及时发现问题，优化资源配置，提高供应链的响应速度和准确性。物联网技术可以实现智能库存管理，通过实时监控库存量和货物状态，自动进行库存预警和补货操作。这种智能化管理可以大大降低库存积压和缺货的风险，减少库存成本。物联网技术还可以根据销售数据和市场需求预测，优化库存结构，进一步提高库存周转率。物联网技术可以实现对物流配送的实时监控和管理，通过智能调度和路线优化，提高物流配送的效率和准确性。例如，物联网技术可以实时跟踪运输车辆的位置和状态，预测运输时间，并根据路况和天气情况进行实时调整。物联网技术还可以实现货物的自动识别和分拣，减少人工操作错误和延误。通过实现信息的实时共享和交互，加强了供应链中各个环节之间的协同和协作。企业可以更加紧密合作，共同应对市场变化和客户需求。例如，在产品研发阶段，企业可以利用物联网技术收集用户的使用数据，了解用户需求，从而进行有针对性的产品改进和创新。在生产和物流阶段，企业可以通过物联网技术实现生产计划和物流计划的实时协同，确保供应链的顺畅运作。物联网技术可以提高供应链的可靠性和韧性。通过实时监控和预警系统，企业可以及时发现供应链中的潜在问题和风险，并采取相应的措施进行预防和应对。还可以实现供应链的快速恢复和重构，在遭遇突发事件或市场变化时，能够快速调整供应链结构和资源配置，确保供应链的持续稳定运作。

通过物联网技术，可以实现对仓库货物的实时监控和自动化管理。例如，某企业引入物联网技术后，库存周转率提高了30%，缺货率降低了20%。物联网技术可以实时追踪运输车辆的位置和状态，提高运输的效率和准确性。某物流公司引入物联网技术后，运输效率提高了20%，运输成本降低了15%。物联网技术可以帮助企业实现对供应商的远程监控和管理，提高供应链的稳定性和可靠性。某制造企业引入物联网技术后，生产计划的准确率提高了40%，产品质量的不合格率降低了30%。

（二）讨论案例中物联网技术应用的成功因素和潜在挑战

物联网技术使得星科能够实时掌握供应链状况，做出快速响应。通过物联网技术的应用，星科能够实现对供应链数据的智能化分析和管理，为决策提供有力支持。物联网技术使得许多供应链环节实现了自动化操作，减少了人为错误和浪费，提高了供应链的整体效率。

在供应链协同中引入物联网技术虽然带来了显著的效率和成本优势，但仍面临着一系列挑战和问题。物联网技术使得供应链各环节的数据实现了实时共享，也带来了数据泄漏和滥用的风险。在实际应用中，如果数据安全措施不到位，可能会导致敏感信息被窃取或滥用，从而给企业带来重大损失。由于供应链中涉及的设备和系统众多，设备之间的兼容性成了一个关键问题。不同供应商提供的设备可能存在通信协议不一致、数据格式不兼容等问题，导致数据无法顺利传输和共享。物联网技术依赖稳定的网络环境来传输数据。在实际应用中，网络故障、信号干扰等因素可能导致数据传输中断或延迟，影响供应链的协同效率。

（三）从案例中提炼出的经验和教训

一是加强数据安全管理。为了确保供应链数据的安全，我们需要采取一系列措施来加强数据安全管理。首先，建立严格的数据访问控制机制，确保只有授权人员才能访问敏感数据。最后，采用数据加密技术，对传输和存储的数据进行加密处理，防止数据泄漏。此外，定期对数据进行备份和恢复测试，确保数据的可靠性和完整性。

二是提升设备兼容性。为了解决设备兼容性问题，我们可以采取以下措施。首先，在采购设备时，优先选择符合国际标准和开放协议的设备，以确保设备之间的通信畅通无阻。其次，建立设备兼容性测试机制，对新采购的设备进行兼容性测试，确保其与现有系统的无缝对接。最后，与供应商建立紧密的合作关系，共同推动设备兼容性的改进。

三是优化网络结构。为了提高网络的稳定性和可靠性，我们可以采取以下措施来优化网络结构。首先，采用冗余设计和负载均衡技术，确保网络的高可用性和可扩展性。其次，加强网络监控和故障排查能力，及时发现并解决网络故障。最后，采用先进的通信技术，如5G、Wi-Fi 6等，提高数据传输的速度和稳定性。

四、案例的启示与展望

（一）案例对其他企业的借鉴意义

通过此案例，其他企业可以借鉴星科的优秀经验，大胆使用物联网技术，同时优化物联网技术在供应链协同中的作用，不过当前应用中也存在一些问题，如数据安全风险、设备兼容性的挑战以及网络稳定性的不足，这些问题仍需进一步解决和完善。企业可以借鉴此案例做出调整，有效防止数据泄漏和滥用的情况发生。敏感信息得到了更好的保护，企业的数据安全得到了显著提升。还可以提升设备兼容性，实现供应链各环节设备的无缝对接和协同工作。这有助于提高供应链的协同效率，减少因设备不兼容而导致的资源浪费和成本增加。优化网络结构后，可以提高网络的稳定性和可靠性。数据传输的速度和稳定性得到了提高，减少了因网络故障导致的供应链中断和延误情况的发生。这些效果共同促进了供应链协同优化的实现，提高了企业的竞争力和市场地位。

物联网技术在供应链协同中的应用已经取得了显著的进展，不仅拓宽了应用范围，还显著提高了供应链的协同效率和透明度。从原材料采购到产品分销的各个环节，物联网技术通过实时数据采集、智能分析和自动化操作，实现了供应链信息的无缝对接和高效协同。

（二）物联网技术在供应链协同中的未来发展趋势

当前，物联网技术已经广泛应用于供应链协同的各个环节，如实时物流追踪、智能库存管理、自动化配送等。通过物联网技术，企业可以实时掌握货物的位置、状态、数量等信息，优化库存管理和物流配送，提高供应链的响应速度和准确性。此外，物联网技术还可以实现供应链的智能化决策，基于大数据和人工智能技术，为企业提供精准的预测和决策支持。随着物联网技术的不断发展和完善，其在供应链协同中的透明度和可视化程度将进一步提高。通过更先进的传感器和通信技术，企业可以实时获取更精细、更全面的供应链信息，如货物的温度、湿度、振动等环境参数，以及设备的运行状态和维修记录等。这些信息将帮助企业更好地监控和管理供应链，提高供应链的可靠性和效率。

未来，随着5G、人工智能等技术的不断创新和应用，物联网技术将更深入地与人工智能、机器学习等技术结合，实现供应链的智能化和自动化。例如，通过智能算法和预测模型，企业可以实现对市场需求的精准预测，优化生产计划和库存策略。自动化设备和机器人将在供应链中发挥更大的作用，如自动化仓库、无人配送车等，将进一步提高供应链的自动化水平。物联网技术将促进供应链中各个环节之间的协同和协作。通过实时信息共享和交互，企业可以更加紧密合作，共同应对市场变化和客户需求。物联网技术还将推动供应链的数字化转型，使供应链更加灵活、敏捷和响应迅速。通过优化运输路径、减少能源消耗和排放、推广循环物流等方式，物联网技术将帮助企业降低碳排放和环境污染，实现供应链的绿色可持续发展。物联网技术在供应链协同中的应用场景将不断扩展，形成更加丰富的生态系统。除了传统的物流、仓储和配送等环节外，物联网技术还将应用于产品研发、生产、销售等更多领域。物联网技术还将与云计算、大数据、区块链等其他技术相结合，形成更加完善的供应链生态系统。预计物联网技术将进一步推动供应链协同的优化和升级，降低运营成本，提高市场响应速度，增强企业的竞争力。

（三）企业应如何准备和应对物联网技术带来的变革

物联网技术对物流企业的影响很多，如物联网技术可以实时监控货物的位置和状态，实现自动化仓储和智能配送，从而提高物流效率。通过优化运输路线、减少人工错误和浪费，物联网技术可以降低物流成本。物联网技术可以提供实时追踪和查询功能，增强客户对物流服务的信任度和满意度。激发物流企业的创新思维，推动行业向更加智能化、自动化的方向发展。

企业需要深入了解物联网技术，包含原理、应用和发展趋势，以便更好地应对变革。根据企业实际情况和市场需求，制定物联网技术应用的战略规划，明确目标和路径。有条件的可以组建一支具备物联网技术知识和实践经验的专业团队，负责物联网技术的研发、应用和推广。

加大对物联网技术的投入，包括硬件设备、软件平台、研发经费等，确保物联网技术的顺利实施。与物联网技术供应商、设备制造商等建立合作伙伴关系，共同推动物联网技术在物流行业的应用。

企业要进一步利用物联网技术优化物流流程，实现自动化、智能化管理，提高物流效率和降低成本。通过物联网技术提供实时追踪和查询功能，增强客户对物流服务的信任度和满意度。关注客户需求，提供个性化、定制化的物流服务。利用物联网技术收集的数据进行深度分析，发现潜在问题并提出改进建议。通过数据分析优化库存管理、运输路线等决策。加强员工培训和技能提升，使员工具备物联网技术的相关知识和技能。积极招聘具备物联网技术背景的人才，为企业注入新的活力。关注政府发布的物联网技术相关政策和法规，确保企业在合规的前提下开展业务。积极参与行业标准和规范的制定和推广。在物联网技术的推动下，物流企业应不断创新业务模式和服务方式，以满足市场和客户的新需求。通过创新提高竞争力并推动行业向更高水平发展。

第六章 客户体验与服务优化

在物流行业中，客户体验与服务优化是两个紧密相连的概念，它们共同构成了提高客户满意度和忠诚度的关键因素。客户体验是指客户在接受物流服务过程中所产生的主观感受和认知，包括服务的准确性、时效性、便利性以及服务过程中的互动和沟通等多个方面。而服务优化则是指物流公司通过技术和管理手段，不断提高服务质量和效率，以满足客户日益增长的需求和期望。

物流行业的客户体验与服务优化之间存在着密切的关系。良好的客户体验是服务优化的直接体现和结果。通过优化服务流程、提高服务效率、加强信息透明度等措施，物流公司能够为客户提供更加便捷、高效和个性化的服务，从而提高客户的满意度和体验。例如，提供准确和实时的物流信息、加强客户沟通和反馈机制、引入科技创新等，都是提高客户体验的重要手段。客户体验的改善也能够促进服务优化的不断深入。随着客户对物流服务的要求不断提高，物流公司需要不断地进行服务优化以满足客户的需求。而客户体验是服务质量的直接反映，它可以直接为物流公司提供宝贵的反馈和建议，帮助公司发现服务中存在的问题和不足，进而进行解决和弥补。例如，通过收集和分析客户的投诉和反馈，物流公司可以了解客户的需求和期望，进而优化服务流程、提高服务品质。

物流行业的客户体验与服务优化是相互依存、相互促进的。物流公司应该注重提高客户体验，同时不断优化服务流程和提高服务质量，以实现客户满意度的提升和企业的可持续发展。

智能物流对客户体验的影响

智能物流是现代物流的重要组成部分，正以其独特的魅力逐步改变着传统的供应链管理模式。智能物流不仅提高了物流行业的运作效率，也为客户体验带来了前所未有的革新。在竞争激烈的市场环境下，客户体验已经成为企业赢得市场份额和维持竞争优势的关键因素。智能物流通过集成先进的信息技术、物联网、大数据分析等手段，使得物流过程更加智能化、精准化和高效化，从而为客户提供更加便捷、可靠和个性化的服务。这种变革不仅提高了客户满意度，也为企业赢得了更多的市场机会和竞争优势。

在数字化时代的浪潮下，智能物流已成为推动现代供应链管理的核心动力。特别是在订单处理这一关键环节，智能物流以其自动化和智能化的特性，显著提高了处理效率，为客户带来了更加快速、便捷的服务体验。

在订单处理过程中，智能物流的自动化程度令人瞩目。通过先进的信息技术和物联网设备，智能物流系统能够实时接收订单信息，并自动进行订单确认和分配。这不仅减少了人工操作的烦琐流程，还大大提高了订单处理的准确性。更进一步地，智能物流系统还配备了智能分拣技术。利用先进的机器视觉和传感器技术，系统能够自动识别货物的种类、数量、目的地等信息，并将其快速、准确地分配到相应的运输路径和车辆上。这种高度自动化的分拣方式，不仅降低了人工分拣的错误率，还极大地提高了分拣效率。除了自动化外，智能物流在订单处理过程中还展现出了高度的智能化水平。通过大数据分析和人工智能技术，智能物流系统能够预测订单量的变化趋势，提前规划运输路线和车辆调度，确保在订单高峰期也能够保持高效的处理能力。智能物流系统还能够根据客户的个性化需求，提供定制化的服务。例如，系统可以根据客户的收货时间、地点等要求，自动选择最优的运输方式和路线，确保货物能够按时、准确地送达客户手中。这种智能化的服务方式，不仅提高了客户的满意度，也为企业赢得了更多的忠实客户。

智能物流的自动化和智能化特性，使得订单处理时间得到了显著的缩短。一方面，自动化技术的应用缩短了人工操作的烦琐过程，减少了人工操作的错误，提高了订单处理的准确性和效率；另一方面，智能化技术的应用使得系统能够提前预测和规划运输路线和车辆调度，避免了不必要的等待和延误。这种高效的订单处理方式，为客户带来了更加快速、便捷的服务体验。客户可以随时随地提交订单，并实时追踪货物的运输状态，确保货物能够按时、准确地送达目的地。这种服务方式不仅提高了客户的满意度和忠诚度，也为企业赢得了更多的市场份额和竞争优势。智能物流在订单处理过程中的高效性得益于其自动化和智能化的特性。这些技术的应用不仅提高了订单处理的准确性和效率，还为客户带来了更加快速、便捷的服务体验。

一、智能物流提高交付速度与准确性

（一）实时跟踪与预计到达时间

智能物流以其高效、准确、实时的特点，逐渐成了物流行业的趋势。其中，实时跟踪与预计到达时间是智能物流系统的两大核心功能，它们不仅提高了物流效率，也极大地提升了用户体验。

传统的物流跟踪方式通常依赖人工录入和查询，效率低下且容易出错。而实时跟踪技术则通过物联网设备实时采集物流信息，利用大数据和云计算技术对信息进行处理和分析，实现物流信息的实时更新和查询。实时跟踪技术主要依赖物联网设备（如RFID、GPS、传感器等）对物流过程中的各个环节进行实时数据采集。这些数据通过无线网络传输到云端服务器进行存储和处理。在服务器端，通过大数据分析和云计算技术，对物流数据进行深度挖掘和预测，实现物流信息的实时更新和查询。用户可以通过手机、计算机等终端设备随时查询物流信息，实现物流信息的实时共享和透明化。实时跟踪技术具有诸多优势。首先，它提高了物流信息的准确性和实时性，使得用户能够随时了解物流状态，减少了因信息不准确或延迟而导致的误解和纠纷。其次，实时跟踪技术提高了物流效率，使得物流企业能够更好地掌握物流进度，优化物流路径，降低物流成本。最后，实时跟踪技术还提高了用户体验，使得用户能够更加方便地查询物流信息，增强了用户对物流服务的信任度和满意度。

预计到达时间技术是智能物流系统的另一功能。它通过对物流数据的深度挖掘和分析，预测物流包裹的到达时间，为用户提供更加准确、可靠的物流信息。预计到达时间技术的出现，不仅提高了物流信息的准确性，也使得用户能够更好地规划自己的时间，提高了物流服务的整体效率和用户体验。预计到达时间技术主要依赖大数据分析和机器学习算法。在服务器端，通过收集和分析历史物流数据、交通数据、天气数据等多维度信息，建立预测模型。然后，利用机器学习算法对模型进行训练和优化，使其能够准确预测物流包裹的到达时间。系统还会根据实时物流信息和外部环境变化对预测结果进行动态调整，确保预测结果的准确性和可靠性。预计到达时间技术在物流行业具有广泛的应用场景。例如，在电商领域，预计到达时间技术可以帮助用户更好地规划自己的收货时间，提高购物体验；在快递领域，预计到达时间技术可以帮助快递员更好地安排送货时间和路线，提高送货效率；在供应链管理领域，预计到达时间技术可以帮助企业更好地掌握库存情况和市场需求，优化生产计划和库存管理。

随着物联网、大数据、云计算等技术的不断发展，智能物流实时跟踪与预计到达时间技术也将不断创新和优化。例如，利用更先进的物联网设备实现更精准的物流数据采集；利用更强大的大数据分析和机器学习算法提高预测精度和效率；利用云计算技术实现更高效的数据处理和存储等。智能物流实时跟踪与预计到达时间技术将与更多领域进行跨界融合和应用拓展。例如，在智能交通领域，智能物流技术可以与智能交通系统相结合，实现物流车辆的实时调度和路径优化；在智慧城市领域，智能物流技术可以与城市管理系统相结合，实现城市物流资源的优化配置和高效利用等。智能物流实时跟踪与预计到达时间技术将持续提升用户体验。例如，通过提供更加准确、可靠的物流信息减少用户的等待时间和焦虑感；通过提供更加个性化的物流服务满足用户的多样化需求；通过提供更加便捷、高效的物流查询方式提高用户的使用便利性等。

（二）优化路径以缩短配送时间

在快节奏的现代社会，物流配送的时效性越来越受到消费者的重视。为了满足这一需求，智能物流应运而生，通过先进的信息技术和算法优化配送路径，有效缩短配送时间，提高物流效率。智能物流系统通过收集和分析大量的历史数据，包括订单数据、交通数据、天气数据等，来预测未来的物流需求和交通状况。基于这些预测，系统可以更加准确地规划配送路线，避开拥堵路段和恶劣天气，从而减少配送时间。智能物流系统通过实时监控交通状况，包括道路拥堵、交通事故、天气变化等，来动态调整配送路线。当遇到突发情况时，系统可以快速响应，重新规划最优路径，确保货物能够按时送达。智能物流系统采用多途径配送系统，将配送任务分配给多个车辆或配送员，同时考虑交通状况和货物优先级。这种系统可以更加灵活地应对不同的配送需求，通过并行处理的方式减少整体配送时间。智能物流系统运用多种智能算法来优化配送路径。例如，遗传算法和蚁群算法等启发式搜索算法可以模拟自然界的进化或蚂蚁觅食的行为，找到最优的配送路径。此外，机器学习算法也可以通过对历史数据的学习，不断优化配送策略，提高配送效率。

智能物流优化路径的实践已经取得了显著的效果。通过优化配送路径，智能物流系统不仅减少了配送时间，还降低了运输成本，提高了物流效率。未来，智能物流将继续利用大数据、云计算、物联网等先进技术，实现更加精准的预测和更加智能的调度。随着自动驾驶技术的不断发展，智能物流将有望实现无人配送，进一步提高配送效率和降低运输成本。智能物流还将与智能制造、智能仓储等领域进行深度融合，形成更加完善的智能供应链体系，推动物流行业的整体升级和发展。

（三）降低配送错误与延误

在现代物流领域，配送错误与延误是常见的问题，不仅影响物流效率，还可能损害企业的声誉和客户关系。智能物流系统为降低配送错误与延误提供了强有力的支持。智能物流系统通过采用自动识别和录入技术，如RFID、条形码扫描等，实现货物信息的自动录入和核对。这种技术可以确保货物信息在入库、出库、分拣、配送等各个环节的准确性，减少人为错误的发生。智能分拣系统通过采用机器视觉、传感器等先进技术，对货物进行自动识别、分类和分拣。这种系统可以根据预设的规则和算法，快速准确地完成分拣任务，避免了人工分拣出现的错误和疏漏。通过实时监控货物的位置、状态、运输时间等信息，可以及时发现异常情况并发出预警。例如，当货物在运输过程中出现延误或丢失时，系统可以立即通知相关人员进行处理，从而降低发生配送错误的风险。

智能物流系统通过实时监控交通状况，如道路拥堵、交通事故等，可以动态调整配送路线和车辆调度。这种策略可以确保车辆避开拥堵路段，选择最优的行驶路径，从而减小配送延误的可能性。利用大数据分析和机器学习技术，可以对未来的交通状况、天气变化等因素进行预测。基于这些预测结果，系统可以提前规划配送路线和时间，确保货物能够按时送达。采用自动化和智能化设备，如无人车、无人机、机器人等，可以极大地提高配送效率。这些设备可以根据预设的路线和规则进行自主配送，减少人为干预和错误，同时降低配送延误的风险。

智能物流系统通过采用先进的信息技术和算法，可以显著减少配送错误并减少延误，实现更加精准、高效、可靠的配送服务。

二、增强客户沟通与交互

（一）物联网技术实现的实时通知与更新

在智能物流领域，物联网技术通过实时收集、传输和处理物流信息，能够为客户提供更加精准、及时的服务，从而提高客户体验。企业可以通过智能设备收集客户的使用数据和行为习惯，了解客户的需求和偏好，从而为客户提供更加个性化的服务。物联网技术通过智能设备之间的互联互通，实现了对物流信息的实时感知、传输和处理。在智能物流中，通过物联网技术，企业可以在货物上安装RFID标签、GPS定位器等设备，实时追踪货物的位置、状态等信息。这些信息可以实时传输到企业的物流管理系统中，使得企业能够随时掌握货物的运输情况，为客户提供准确的货物追踪服务。物联网技术还可以实现对运输车辆的实时监控，通过在车辆上安装传感器和定位设备，企业可以实时获取车辆的行驶速度、油耗、温度等信息。这些信息可以帮助企业及时发现车辆故障、异常情况，并进行快速处理，确保货物运输的安全和稳定。物联网技术还可以应用于仓库的智能化管理，通过在仓库中安装传感器、摄像头等设备，企业可以实时感知仓库内的温度、湿度、光照等环境参数，以及货物的存储状态、数量等信息。这些信息可以帮助企业实现仓库的自动化管理，提高货物的存储效率和安全性。

物联网技术通过实时收集和处理物流信息，实现了对客户体验的实时通知与更新。企业可以通过物联网技术实时追踪货物的配送进度，并将相关信息通过短信、邮件等方式实时通知客户。这样，客户可以随时随地了解货物的位置、运输情况等信息，减少等待时间，提高满意度。可以实时监测货物的运输情况，一旦发现异常情况（如货物损坏、丢失、延误等），可以立即向企业发出预警信息。企业可以根据预警信息迅速采取措施，如调整配送路线、更换运输车辆等，确保货物能够按时、安全地送达客户手中。可以实时获取运输车辆的行驶速度、路况等信息，从而预测货物的到达时间。企业可以将预测结果实时更新到物流管理系统或客户端上，供客户查看。这样，客户可以更加准确地了解货物的到达时间，合理安排自己的时间。智能物流系统通过集成物联网、大数据、云计算等先进技术，实现了对货物的实时追踪。在货物从仓库发出到最终送达客户手中的整个过程中，智能物流系统能够实时监控货物的位置、状态、温度、湿度等关键信息，并将这些信息实时传输到客户的手机或计算机等终端设备上。客户只需通过简单的操作，就能随时查看货物的最新动态，无须担心货物的安全和运输进度。实时追踪功能的引入，极大地增强了客户对物流服务的信任感。在过去，客户只能通过电话或邮件等方式查询货物的运输状态，这种方式不仅耗时费力，而且信息的准确性和实时性也无法得到保障。而现在，通过智能物流的实时追踪功能，客户可以随时随地查看货物的最新动态，了解货物的实时位置和状态。这种透明化的服务方式不仅让客户更加放心，也增强了客户对物流服务的信任感。

除了增强客户信任感外，实时追踪功能还极大地提高了客户体验。客户可以通过实时追踪功能随时了解货物的运输进度和预计送达时间，从而做好接收货物的准备。如果货物在运输过程中出现异常或延误等情况，客户也能及时得知并采取相应的措施。这种及时、准确的信息反馈不仅提高了客户的满意度和忠诚度，也为企业赢得了更多的市场机会和竞争优势。

智能物流在订单处理方面的自动化和智能化程度极高。自动接单、智能分拣等技术的应用，使得订单处理时间大幅缩短，处理效率显著提高。这种高效的处理方式使得客户能够更快地获得商品，提升了购物的便捷性和满意度。例如，某电商企业采用智能物流系统后，订单处理时间缩短了50%，客户满意度显著提高。智能物流通过智能调度和路线优化等技术，显著提高了配送效率。系统能够实时监控交通状况、天气变化等因素，自动选择最优的配送路线和运输方式，确保货物能够准时、准确地送达客户手中。这种高效的配送方式不仅减少了客户的等待时间，还提高了货物的安全性。以某一家快递企业为例，引入智能物流系统后，其配送效率提高了30%，货物准时送达率达到了99%，赢得了客户的高度赞誉。智能物流提供的实时追踪功能为客户带来了极大的便利。客户可以通过手机或计算机等终端设备随时查询货物的位置、状态等信息，了解货物的实时动态。这种透明化的服务方式增强了客户对物流服务的信任感，也提高了客户的满意度。一家生鲜电商企业在应用智能物流后，客户可以通过实时追踪功能了解商品的配送进度和预计送达时间，从而做好收货准备。这种便捷的服务方式使得客户对该企业的忠诚度大幅提高。

物联网技术为智能物流提供了强大的技术支持，通过实时收集和处理物流信息，实现了对客户体验的实时通知与更新。为客户带来更加便捷、高效的服务体验，确保客户能够享受到更加便捷、个性化的服务。

（二）客户反馈机制的改善与整合

当前电子商务蓬勃发展，智能物流成为连接消费者与商品的重要桥梁。但是仅仅提供高效的物流服务已不足以满足现代消费者的需求，消费者越来越注重服务的质量和个性化体验。

客户反馈机制能够帮助企业了解客户对服务的真实感受，发现服务中的不足之处，从而持续改进和提高服务质量。通过客户反馈，企业还能更好地了解客户需求，提供个性化的服务，增强客户忠诚度。为了满足不同客户的需求，企业应提供多元化的反馈渠道，如电话、邮件、在线客服、社交媒体等。这些渠道应保证畅通无阻，方便客户随时随地提供反馈。企业应简化反馈流程，减少客户在提供反馈时的时间和精力投入。例如，可以设计简洁明了的反馈表单，或提供一键式反馈按钮，使客户能够轻松提交反馈。企业应确保对客户的反馈进行实时响应和回复。对于紧急或重要的问题，企业应立即处理并给予客户满意的答复。对于一般性问题，企业也应在合理时间内给予回复，避免让客户等待过久。建立客户反馈数据分析系统，对收集到的反馈数据进行整理、分析和挖掘。通过数据分析，企业可以发现服务中的共性问题，找出问题的根源，并制定相应的改进措施。企业还可以根据客户的反馈数据调整服务策略，提高客户满意度。

为了提高反馈处理的效率，企业应将不同的反馈渠道进行整合。例如，可以建立统一的客户服务平台，将电话、邮件、在线客服等渠道统一接入该平台，实现信息的共享和协同处理。客户反馈涉及多个部门的问题，如配送部门、仓储部门、客服部门等。因此，企业应加强跨部门的协作与沟通，确保各部门能够共同解决客户反馈的问题。企业应整合内部的信息系统，实现信息的共享和互通。例如，可以将客户反馈系统与企业资源计划（ERP）系统、客户关系管理（CRM）系统等进行整合，使各部门能够实时获取客户反馈数据，提高反馈处理的效率。

（三）个性化服务选项的增加

智能物流中的客户个性化服务，是指根据客户的具体需求，提供量身定制的服务方案。在智能物流中，增加客户个性化服务选项，能够实现物流服务的精准化和差异化，满足不同客户的多样化需求。增加客户个性化服务选项，如：

1.定制化配送时间

根据客户的日程安排，提供灵活的配送时间选项，如指定时间送达、夜间配送等，以满足客户的个性化需求。

2.多样化配送方式

除了传统的送货上门服务外，还可以提供自助取件、快递柜取件等多种配送方式，让客户根据自己的实际情况选择合适的取件方式。

3.实时物流信息查询

通过智能物流系统，为客户提供实时的物流信息查询服务，让客户随时掌握货物的运输状态，提高客户的信任度和满意度。

4.包装定制化

根据客户的喜好和需求，提供个性化的包装服务，如定制包装盒、添加特殊标识等，让客户的包裹更具个性化。

5.绿色物流服务

提供环保的包装材料和可循环使用的物流设备，减少物流过程中的环境污染，满足客户的环保需求。

客户个性化服务通过收集和分析客户的个人信息、购买记录、反馈意见等数据，建立客户数据库，为个性化服务提供数据支持。利用人工智能技术对客户需求进行深度挖掘和分析，为客户提供更加精准和个性化的服务。通过线上和线下的方式，加强与客户的沟通，了解客户的需求和期望，企业可以培养一支具备专业知识和技能的服务团队，为客户提供高质量的个性化服务。

三、提高客户信任与满意度

（一）透明化的物流过程增强客户信任

在当今这个信息爆炸的时代，消费者对于物流过程的透明度要求越来越高。传统的物流模式缺乏透明度，导致客户对货物的状态、位置和预计到达时间等信息一无所知，从而产生不必要的担忧和疑虑。

物流过程透明化是指通过技术手段和管理创新，实现物流信息的实时共享和可视化，让客户能够随时掌握货物的状态、位置和预计到达时间等信息。客户通过透明化的物流过程，能够实时了解货物的运输情况，减少因信息不透明而产生的担忧和疑虑。当客户能够随时掌握货物的状态和位置时，他们会对物流企业产生更高的满意度和信任感。透明化的物流过程能够提高物流企业的服务质量和品牌形象，从而增强企业在市场上的竞争力。

企业通过建立先进的物流信息系统，实现货物信息的实时采集、传输和处理，为客户提供准确、及时的物流信息。通过物联网技术，将货物与互联网相连，实现对货物的实时监控和追踪，让客户能够随时了解货物的状态和位置。采用可视化管理工具，将物流过程以图表、地图等形式展示给客户，使客户能够直观地了解货物的运输情况。通过线上和线下的方式，加强与客户的沟通，及时解答客户的疑问和关切，提高客户的信任度。

透明化的物流过程能够减少客户对物流企业的疑虑和担忧，增强客户对物流企业的信任感。通过实时掌握货物的状态和位置，物流企业可以更加精准地预测货物的需求和供应情况，优化库存管理。透明化的物流过程能够减少因信息不透明而产生的延误和错误，提高运输效率。通过精准预测和优化库存管理，物流企业可以降低库存成本和运输成本，提高盈利能力。

（二）可靠的服务质量提高客户满意度

在这个竞争激烈的市场环境中，提供可靠的服务质量成为物流企业赢得客户信任、提高满意度的关键。智能物流可靠的服务质量是指物流企业在整个物流过程中，能够确保货物安全、准时、准确地送达目的地，提供高效、便捷的客户服务。客户对于物流服务的期望越来越高，可靠的服务质量能够确保货物安全、准时地送达，满足客户的基本需求。智能物流通过提供实时追踪、智能调度等服务，能够提升客户在物流过程中的体验，增强客户对物流企业的好感度。智能物流通过其自动化、智能化和实时追踪等优势，显著提高了客户体验，进而增强了客户满意度。客户满意度的提高不仅为企业带来了更多的收益和市场份额，还增强了企业的竞争力和品牌形象。在竞争激烈的商业环境中，客户体验已成为企业成功与否的关键因素。尤其在物流行业，客户体验不仅影响着客户满意度，还直接关系到企业的长期发展。智能物流是一种创新的物流管理方式，通过其独特的优势，显著提高了客户体验，进而增强了客户满意度，为企业带来了长远的利益。客户满意度与客户体验之间有着密不可分的联系。客户体验涵盖了客户与企业交互的整个过程，包括订单处理、配送效率、实时追踪等方面。当客户在这些环节中获得愉悦、便捷、高效的体验时，他们对企业的满意度就会随之提高。相反，如果客户在这些环节中遇到问题或不便，他们的满意度就会下降。因此，提高客户体验是增强客户满意度的重要途径。智能物流在提高客户体验方面具有显著优势。通过自动化和智能化的订单处理系统，智能物流能够迅速、准确地处理订单，减少客户等待的时间，提高了购物体验。智能物流系统还能根据实时数据优化配送路线，提高配送效率，确保货物准时送达，进一步增强客户的满意度。此外，智能物流提供的实时追踪功能使客户能够随时了解货物的位置和状态，增强了客户对物流服务的信任感和满意度。以电商平台为例，平台引入了智能物流系统后，客户体验得到了显著提高。订单处理时间大幅缩短，配送效率显著提高，货物准时送达率大幅提高。实时追踪功能让客户能够随时了解订单状态，增强了客户对物流服务的信任感。这些改变使得该平台的客户满意度大幅提高，进而带动了销量的增长和市场份额的扩大。客户满意度对企业长期发展具有重要意义。满意的客户更有可能成为企业的忠实顾客，进行重复购买和推荐给他人，从而为企业带来更多的收益。满意的客户在面对竞争对手时更有可能选择原企业，增强了企业的市场竞争力。满意的客户能够为企业提供良好的口碑传播，提升企业的品牌形象和声誉。企业应重视客户体验，积极引入智能物流等创新技术，以提高客户满意度和推动企业的长期发展。可靠的服务质量能够增强客户对物流企业的信任感，从而建立长期稳定的合作关系。

通过提供可靠的服务质量，物流企业能够赢得客户的信任和支持，从而扩大市场份额。可靠的服务质量能够提高物流企业的品牌形象和声誉，增强企业的竞争力和影响力。在竞争日益激烈的市场环境中，品牌忠诚度已成为企业持续成功的关键驱动力。智能物流在提高客户体验的过程中，不仅增强了客户对品牌的认同感，还显著提高了客户的忠诚度。这种忠诚度的提高对企业市场份额和竞争优势产生了深远的影响。智能物流通过提供卓越的客户体验来增强客户对品牌的认同感。当客户在购物过程中享受到高效、便捷、准确的物流服务时，他们会将这种良好的体验与品牌联系起来，形成对品牌的正面印象。智能物流系统通过自动化和智能化的订单处理、优化配送路线、提供实时追踪等功能，为客户提供了无缝衔接的购物体验。这种体验可以让客户感受到品牌的专业性、可靠性和关怀，从而增强了他们对品牌的认同感。

智能物流在提升客户体验的同时，也显著增强了客户的忠诚度。忠诚度高的客户更有可能成为品牌的忠实拥趸，进行重复购买，并为企业带来口碑传播。智能物流通过减少订单处理时间、提高配送效率、确保货物准时送达等措施，让客户感受到品牌的快速响应和优质服务。这种优质的客户体验让客户对品牌产生了强烈的信任和依赖，从而提高了他们的忠诚度。品牌忠诚度的提高对企业市场份额和竞争优势具有重要影响。首先，忠诚的客户更有可能成为企业的回头客，进行重复购买。这种重复购买不仅为企业带来了稳定的收入来源，还降低了客户获取成本，提高了企业的盈利能力。其次，忠诚的客户更容易接受企业的新产品或服务，为企业带来更多的市场机会。他们愿意尝试企业推出的新产品或服务，并为企业提供宝贵的反馈意见，帮助企业不断改进和创新。最后，忠诚的客户还会为企业进行口碑传播，吸引更多的潜在客户。他们通过分享自己的购物体验和感受，让更多的人了解并信任品牌，从而扩大了企业的市场份额和影响力。以电商企业为例，企业引入了智能物流系统后，客户体验得到了显著提高。订单处理时间缩短了一半以上，配送效率提高了30%，货物准时送达率达到了99%以上。这些改变让客户感受到了品牌的专业性和可靠性，从而增强了他们对品牌的认同感和忠诚度。这些忠诚的客户不仅为企业带来了稳定的收入来源和口碑传播效应，还帮助企业扩大了市场份额和竞争优势。

通过不断提高服务质量，物流企业能够建立长期稳定的客户关系，实现可持续发展。当客户享受到满意的购物体验时，他们会愿意与他人分享这种愉快的经历。智能物流通过提供高效、准确、便捷的物流服务，让客户在购物过程中感受到无忧的便利。当客户收到货物时，他们会因为快速的配送和准确的订单处理而感到满意，这种满意感会促使他们向亲朋好友推荐这个品牌，形成口碑传播。口碑传播的力量是巨大的。满意的客户会将他们的购物体验告诉身边的人，这种基于真实体验的推荐要比广告更具说服力。此外，随着社交媒体的普及，口碑传播的速度和范围也在不断扩大。满意的客户可以在社交媒体上分享他们的购物经历，吸引更多的潜在客户关注品牌。口碑传播在品牌建设和市场推广中发挥着重要作用。口碑传播能够树立品牌形象。满意的客户会对品牌产生好感，并通过口碑传播将这种好感传递给更多的人。这种正面形象有助于提高品牌的知名度和美誉度，为品牌赢得更多的信任和支持。口碑传播能够扩大市场份额。当满意的客户将品牌推荐给他们的亲朋好友时，这些潜在客户可能会因为信任而选择这个品牌。这种基于口碑的推荐能够帮助企业吸引更多的客户，进而扩大市场份额。口碑传播能够降低市场推广成本。与传统的广告宣传相比，口碑传播不需要投入大量的资金和资源。满意的客户会自愿为品牌进行宣传和推广，这种自发性的传播方式能够为企业节省大量的市场推广成本。

（三）快速响应与解决问题的能力

物流行业的运作效率和响应速度对于企业的成功至关重要。随着科技的飞速发展，智能物流以其快速响应和解决问题的能力，成为企业应对市场挑战、提高竞争力的关键。智能物流系统通过实时收集、传输和处理物流数据，实现对货物状态、运输路线、仓库库存等信息的实时监控。这使得物流企业能够迅速响应市场变化，及时调整物流策略。借助先进的人工智能和机器学习技术，智能物流系统能够对大量数据进行分析，预测未来趋势，并自动制订最优化的物流方案。这种自动化和智能化的决策过程大大提高了物流企业的响应速度。智能物流平台可以实现供应链各方之间的信息共享和协同工作，减少“信息孤岛”和沟通障碍。这使得企业能够快速响应客户需求，提高客户满意度。

通过实时数据监控和分析，智能物流系统能够及时发现潜在问题，如运输延误、库存不足等，并提前预警。这使得企业能够提前采取措施，避免问题发生，提高物流效率。智能物流系统具备自动化故障处理能力，能够在设备故障或异常情况发生时，自动切换备用设备或调整运输路线，确保物流过程的连续性和稳定性。智能物流系统可以通过实时追踪和数据分析，快速定位问题发生的具体原因和位置，并给出相应的解决方案。这使得企业能够迅速解决问题，减少损失，提高客户满意度。

通过快速响应客户需求和及时解决问题，智能物流能够提高客户满意度和忠诚度，从而建立长期稳定的客户关系。通过自动化和智能化的决策过程，智能物流能够降低人力成本，提高物流效率，降低运营成本。快速响应和解决问题的能力使企业在面对市场变化时更具竞争力，能够迅速抓住商机，赢得市场份额。智能物流通过实时数据监控和分析，能够优化供应链管理，实现资源的合理配置和高效利用。

物联网技术在服务优化中的应用实践

物联网技术已逐渐渗透到各个行业，其中客户服务领域也不例外。物联网技术的应用，不仅为客户服务带来了全新的模式，也为企业带来了显著的经济效益和社会效益。物联网技术在客户服务领域的应用日益广泛，其通过连接各种智能设备和物品，实现了数据的实时采集、传输和分析，为客户服务提供了更加高效、便捷和个性化的解决方案。通过物联网技术，智能家居设备能够实现互联互通，为客户提供远程控制、语音控制、自动化场景设置等功能。这种智能化的服务方式，不仅提高了客户的生活品质，也为企业带来了更多的增值服务机会。物联网技术在物流领域的应用，使得物流过程更加透明化、智能化。通过实时追踪、智能调度等技术手段，提高了物流效率，降低了物流成本，也提高了客户对物流服务的满意度。物联网技术在医疗领域的应用，为患者提供了更加便捷、高效的医疗服务。例如，通过远程医疗监护设备，医生可以实时了解患者的身体状况，为患者提供个性化的治疗方案。此外，物联网技术还可以用于药品追溯、医疗器械管理等方面，提高了医疗服务的整体质量和效率。物联网技术结合人工智能和大数据分析，可以构建智能客服系统。该系统能够自动识别和回应客户的问题和需求，提供24小时不间断的在线服务。这种智能化的服务方式，不仅提高了客户服务的响应速度和准确性，也降低了企业的人工成本。

物联网技术在服务优化中具有巨大的潜力和重要性，物联网技术通过实时数据采集和分析，能够准确预测客户需求，提前进行服务准备。物联网技术还可以实现服务资源的智能调度和优化配置，提高服务效率和服务质量。物联网技术的应用可以帮助企业实现资源的精细化管理和利用，避免资源的浪费和重复投入。物联网技术还可以降低企业的运营成本和人力成本，提高企业的经济效益。物联网技术通过提供个性化、智能化的服务方式，能够满足客户多样化的需求，提高客户对服务的满意度和忠诚度。这种基于客户需求的服务模式，不仅有助于企业树立良好的品牌形象，也有助于企业拓展新的市场机会。企业应积极拥抱物联网技术，探索创新的服务模式，以提高服务效率、降低成本、增强客户满意度为目标，不断提高自身的竞争力和市场地位。

一、物联网技术在仓储与配送中的应用

（一）智能货架与库存管理优化

物联网技术通过传感器、RFID标签等设备，实时收集货物的位置、数量、状态等信息，并传输至中央管理系统。这使得仓储与配送过程中的每一个环节都能够得到实时监控，确保货物安全、准确、快速地到达目的地。物联网技术可以与自动化设备如自动导引车（AGV）、机器人等相结合，实现仓储与配送过程中的自动化操作。这不仅提高了工作效率，还降低了人力成本和错误率。物联网技术收集的大量数据可以用于预测分析，帮助企业预测未来的需求趋势和库存水平。基于这些预测结果，企业可以制定更合理的仓储与配送计划，优化库存结构，降低库存成本。

智能货架通过集成传感器、RFID标签和显示屏等设备，实现了对货物信息的实时监控和展示。当货物被取走或放回时，智能货架会自动更新库存信息，并将数据传输至中央管理系统。这使得库存管理人员能够实时掌握库存情况，及时作出补货或调整库存结构的决策。通过物联网技术，企业可以实时监控每个货架、每个库位的库存情况。当库存低于安全库存水平时，系统会自动发出预警，提醒库存管理人员及时补货。这种实时库存监控能力使得企业能够更准确地预测未来的需求趋势，制订更合理的库存计划。基于物联网技术的智能补货系统可以根据实时库存数据和预测分析结果，自动计算补货量并生成补货订单。智能调度系统可以根据货物的数量、位置和运输需求，自动规划最优的运输路线和配送时间。这不仅提高了补货和配送的效率，还降低了运输成本。帮助企业实现库存的精细化管理，减少库存积压和浪费。通过实时数据监控和预测分析，企业可以更准确地预测未来的需求趋势，制订更合理的库存计划。智能货架系统可以实时更新库存信息，确保库存数据的准确性和实时性。这使得企业能够更快速地响应市场变化，降低库存风险。

（二）自动化拣选与包装系统

为了满足市场对快速、准确、高效的物流服务需求，智能物流自动化拣选与包装系统应运而生。该系统通过集成先进的自动化技术、信息技术和人工智能技术，实现了物流拣选与包装的智能化、自动化和精准化，极大地提高了物流效率，降低了物流成本。智能物流自动化拣选与包装系统主要由以下几个部分组成：货架系统、拣选机器人、包装机械、信息系统和控制系统。货架系统用于存放货物，拣选机器人负责从货架上自动拣选货物，包装机械则对拣选出的货物进行自动包装，信息系统则负责整个系统的数据管理和信息交互，控制系统则负责协调各个部分的工作，确保整个系统的正常运行。系统通过拣选机器人和包装机械实现了货物的自动拣选和包装，减少了人工干预，提高了工作效率。采用先进的传感器和视觉识别技术，能够准确地识别货物并进行拣选和包装。支持多种货物类型和包装方式，可以根据客户需求进行灵活配置和调整。系统通过信息系统对货物的流转过程进行实时跟踪和记录，实现了货物的可追溯性。

智能物流自动化拣选与包装系统广泛应用于电商物流、快递物流、制造业物流等领域。在电商物流领域，该系统能够快速准确地完成大量订单的拣选和包装工作，提高了电商平台的配送效率和客户满意度；在快递物流领域，该系统能够自动对快递进行分拣和包装，减少了人工操作错误和破损率；在制造业物流领域，该系统能够根据生产需求自动拣选并包装原材料和成品，提高了生产效率和降低了物流成本。智能物流自动化拣选与包装系统智能化程度更高，会集成更多的人工智能技术，如机器学习、深度学习等，实现更加智能化的货物拣选和包装。系统将会支持更多的货物类型和包装方式，实现更加柔性的生产和配送，进一步减少人工干预，实现更加无人化的生产和配送，减少能源消耗和废弃物排放，实现绿色物流。

（三）无人配送车与智能快递柜

无人配送车和智能快递柜是智能物流中的两大关键元素，以其高效、便捷、智能的特点，正在逐渐改变传统的物流模式。其中无人配送车为自动驾驶技术的重要应用之一，已经在全球范围内得到了广泛关注。从2020年开始，无人配送车已经开始在一些地区进行试运行。例如，在浙江省湖州市长兴县雉城街道水木花都社区，无人配送车依托数字生活服务平台，实现了与社区道路和实景的实时互联交互，有效推进了智慧社区建设。驭势科技、永辉超市等企业和机构也在积极探索无人配送车的应用。驭势科技发布的UiBox自动驾驶解决方案，为城市服务提供了L4级别的自动驾驶技术；永辉超市的无人配送车在成都的道路上行驶，为市民提供了便捷的超市无人配送服务。

尽管无人配送车的应用已经取得了一定的成果，但仍存在一些问题。无人配送车的上路合法身份问题是一大难题。由于无人配送车属于自动驾驶产业过程中的新产品，目前仍处于管理空白区，取得上路合法身份困难重重。无人配送车的安全性、稳定性、成本等问题也需要进一步研究和解决。

智能快递柜是随着快递业不断发展而兴起的一种新型物流设备。2012年，中邮速递易率先在国内开启智能快递柜业务。此后，智能快递柜的数量不断增加，市场规模也在不断扩大。到2020年，中国快递柜市场规模已经接近300亿元。智能快递柜的出现，有效解决了快递“最后一公里”的问题，提高了快递员的投递效率，降低了用户的取件成本。智能快递柜还可以连接各种增值服务，形成社区生态圈，增强用户黏性。

智能快递柜在发展过程中也遇到了一些问题。智能快递柜的收费问题引发了用户的不满。一些快递柜在超过一定时间后会向用户收取费用，导致用户取件成本增加。智能快递柜的操作不便也影响了用户的使用体验。一些用户反映，取件时需要扫码、输入密码等操作，对于老年人等群体来说较为困难。智能快递柜的市场竞争也日趋激烈，企业需要寻找新的盈利模式以维持运营。

二、客户服务与反馈系统的智能化

（一）智能语音应答与自助服务系统

智能语音应答与自助服务系统以其高效、便捷、智能化的特点，不仅提高了物流服务的效率，降低了运营成本，还为用户提供了更加优质、个性化的服务体验。智能语音应答系统能够处理大量的客户查询和咨询，实现24小时不间断的客户服务。客户可以通过语音指令进行货物查询、订单状态查询等操作，系统能够智能地回答客户的问题，极大地提高了客户体验。智能语音应答系统还可以提供预约送货服务，实现客户需求的及时响应和快速处理。在仓储管理方面，智能语音应答系统可以与WMS（仓储管理系统）进行无缝对接，实现对仓库作业的智能管理。系统可以指导货物拣选员进行拣选工作，提高拣选效率，减少错误率。系统还可以完成库存盘点工作，减少盘点时间，提高盘点的准确性。还可以根据历史数据和客户咨询，分析和预测未来订单趋势和航线规划，为物流运输公司提供更准确的预测和及时的规划，优化路线、降低运输成本和提高效率。

自助服务系统可以通过物联网技术实现货物的自动识别、入库和出库操作，减少人工操作的时间和错误率。系统可以实时跟踪货物的库存情况，利用大数据分析和预测模型进行库存优化和需求预测，降低库存积压和缺货情况。在物流运输过程中，自助服务系统可以根据实时交通信息和大数据分析，智能规划优化运输路径，调整运量与速度等因素，实现更高效、更智能的运输。还可以实时监控运输车辆的位置、状态和行驶速度等信息，提供实时的运输过程监控。自助服务系统利用人工智能技术，可以帮助物流企业预测和预警风险，如交通拥堵、天气变化等，以便企业及时调整运输计划和配送策略。

总体来看，智能语音应答与自助服务系统能够快速、准确地处理大量的物流信息和服务请求，提高了物流服务的效率。能够智能地识别客户需求，提供个性化的服务，并通过数据分析和预测模型为物流运输公司提供更准确的预测和规划。通过自动化和智能化的方式，系统降低了物流企业的运营成本，提高了企业的竞争力。

（二）客户反馈数据的实时收集与分析

客户反馈数据的实时收集与分析是企业提高服务质量、优化物流流程的关键环节。客户反馈数据不仅能够直接反映物流服务的实际效果，还能为企业提供宝贵的改进意见和建议。

客户反馈数据的收集渠道主要包括线上渠道和线下渠道。线上渠道如企业官网、移动应用、社交媒体等，客户可以通过填写调查问卷、提交评价等方式提供反馈；线下渠道如客服电话、实体店面等，客户可以直接与客服人员交流，提供口头反馈。为了实时收集客户反馈数据，企业可以采用多种方式。例如，利用物联网技术实现智能设备的实时数据传输，通过大数据分析平台对客户反馈数据进行实时抓取和整理；企业还可以采用智能语音应答系统，实时记录客户在咨询、投诉等过程中的反馈意见。

在进行实时分析之前，需要对收集到的客户反馈数据进行清洗和预处理。这包括去除重复数据、处理缺失值、纠正错误数据等，以确保数据的准确性和可靠性。客户反馈数据的实时分析可以采用多种方法，如文本挖掘、情感分析、聚类分析等。其中，文本挖掘可以帮助企业从大量的文本数据中提取有价值的信息；情感分析可以识别客户反馈中的情感倾向，如满意、不满意等；聚类分析可以将具有相似特征的客户反馈进行归类，以便企业更好地了解不同客户群体的需求和偏好。通过对客户反馈数据的分析，企业可以实时了解物流服务的整体质量水平，以及各个环节的表现情况。通过聚类分析和情感分析等方法，企业可以更加深入地了解不同客户群体的需求和偏好，为后续的物流服务优化提供有力支持。通过对客户反馈数据的实时监测和分析，企业可以及时发现潜在的物流问题和服务问题，并采取相应的措施进行解决和改进。

企业可以及时发现服务中存在的问题和不足，并进行有针对性的改进和优化，客户反馈数据中的意见和建议可以为企业优化物流流程提供有力支持。例如，通过分析客户对配送时间、配送方式等方面的反馈意见，企业可以调整和优化配送策略，提高配送效率和服务质量。更加深入地了解客户的需求和偏好，提供更加个性化和精准的服务，从而提高客户满意度和忠诚度，提高物流服务的整体质量水平。

（三）基于物联网的客户满意度调查

客户满意度是衡量物流服务质量和企业竞争力的重要指标。传统的客户满意度调查方式依赖于问卷调查、电话访谈等人工手段，这种方式存在成本高、周期长、反馈不及时等问题。物联网技术实时收集的数据为客户满意度调查提供了丰富的数据支持。企业可以通过分析这些数据，了解客户对物流服务的需求和期望，从而评估客户满意度。智能终端如智能手机、平板计算机等成为客户与物流服务提供商交互的重要工具。企业可以通过开发专门的移动应用或小程序，让客户在接收货物时通过智能终端对物流服务进行评价和反馈。这种方式能够实时收集客户反馈数据，提高客户满意度调查的效率和准确性。物联网设备如智能货架、智能运输车辆等也可以用于客户满意度调查的数据来源。这些设备可以通过内置传感器和算法，自动记录物流过程中的各种信息，如货物损坏情况、配送时间等。企业可以通过分析这些信息，了解客户对物流服务质量的直接感受，从而评估客户满意度。

客户满意度调查能够实时收集和分析客户反馈数据，及时发现物流服务中存在的问题和不足，并采取相应的措施进行改进。这种实时性能够大大提高客户满意度调查的效率和准确性。物联网技术通过实时数据收集和智能终端反馈，能够客观地反映客户对物流服务的需求和期望。相比传统的人工调查方式，这种方式更加客观、准确，能够为企业提供更有价值的参考信息。基于物联网的客户满意度调查可以通过数据分析、机器学习等技术手段，对收集到的客户反馈数据进行智能化处理和分析。这种智能化处理方式能够自动提取关键信息、识别问题点，并为企业提供更具体的改进建议。

企业需要构建一个统一的物联网平台，整合各种物联网设备和数据资源，实现数据的实时收集、传输和分析。这个平台需要具备高可靠性、高扩展性和高安全性等特点，以确保客户满意度调查的稳定性和准确性。企业需要开发专门的智能终端应用或小程序，为客户提供便捷的物流服务评价和反馈渠道。这个应用需要具有友好的用户界面、简单易用的操作流程以及丰富的功能选项，以吸引客户积极参与满意度调查。建立一套完善的数据分析体系，对收集到的客户反馈数据进行深入分析和挖掘。这个体系需要包括数据分析工具、算法模型以及专业的数据分析团队，以确保数据分析的准确性和有效性。客户满意度调查能够帮助企业实时了解客户需求和期望，发现物流服务中存在的问题和不足。企业需要根据调查结果及时制定改进措施并付诸实践，以提高物流服务质量和客户满意度。

三、物联网技术在售后服务中的应用

（一）远程监控与预防性维护

物联网技术对智能物流中的远程监控与预防性维护功能具有重要意义。它不仅提高了物流的效率和准确性，降低了运营成本，还提高了服务质量。物联网设备可以实时收集物流过程中的各种数据，这些数据能够帮助企业实时掌握货物的状态、位置以及运输环境等信息。基于物联网技术，企业可以实现对物流设备的远程控制。例如，通过远程控制系统，企业可以实时调整运输车辆的行驶路线、速度，或者对仓库中的设备进行远程操作。这种远程控制功能大大提高了物流的灵活性和响应速度。物联网技术还可以将收集到的数据以图表、地图等形式进行可视化展示，使得物流过程更加直观、易于理解。企业可以通过可视化管理系统实时监控货物的运输情况、仓库的存储状态等，从而做出更加科学的决策。

物联网技术可以通过对物流设备的数据进行实时分析，预测设备可能出现的故障，并提前采取维护措施。这种预测性维护方式能够降低设备的故障发生率，减少停机时间，提高设备的可靠性和使用寿命。还可以实现设备的自动化维护。当设备出现故障时，物联网系统可以自动触发维护流程，如发送警报信息、启动备用设备等。这种自动化维护方式能够迅速响应设备故障，减少人工干预，提高维护效率。基于物联网技术，企业可以实现对物流设备的远程维护。当设备出现故障时，维护人员可以通过远程控制系统对设备进行故障诊断和修复。这种远程维护方式不仅减少了维护人员的现场工作量，也降低了维护成本。

物联网技术的远程监控和预防性维护功能使得企业能够实时掌握物流过程中的各种信息，并做出快速响应，这大大提高了物流的效率和准确性。通过对物流设备的实时监控和预测性维护，降低了设备的故障发生率和停机时间，减少了企业的维修成本。物联网技术的自动化和远程维护功能也降低了企业的运营成本。使得企业能够为客户提供更加准确、及时的物流服务信息。客户可以通过物联网系统实时查询货物的运输情况、预计到达时间等信息，从而提高了客户满意度和服务质量。

（二）快速响应与故障排查

智能物流借助先进的信息技术和物联网技术，实现了物流过程的自动化、智能化和可视化。在复杂的物流网络中，系统故障和异常情况难以避免。快速响应是指物流系统在面对故障或异常情况时，能够迅速做出反应，采取有效措施进行处理。快速响应能够及时发现并处理系统故障，减少故障对物流系统的影响，提高系统的可靠性和稳定性。通过快速响应，可以缩短故障处理时间，减少因故障导致的物流延误和成本增加，能够确保物流服务的及时性和准确性，提高客户满意度和忠诚度。

在智能物流中，快速响应与故障排查是相互协同、密不可分的。快速响应能够确保物流系统在出现故障时迅速做出反应，而故障排查则为快速响应提供了有效的处理方法和手段。通过快速响应与故障排查的协同作用，可以确保物流系统在面对各种复杂情况时都能够保持高效、稳定的运行状态。

（三）个性化服务与支持

在智能物流领域，个性化服务与支持已经成为一种创新且高效的服务模式，通过深度分析客户需求、偏好和行为模式，提供定制化的物流解决方案，从而显著提高了客户满意度和企业的竞争力。个性化服务与支持是指在智能物流过程中，根据客户的特定需求、偏好和行为模式，提供定制化的服务方案和支持措施。这种服务模式强调以客户为中心，通过深入了解客户需求，提供个性化的物流解决方案，从而提高客户满意度和忠诚度。个性化服务与支持能够精准地满足客户的特定需求，提供符合其期望的物流服务，从而提高客户满意度。在竞争激烈的物流市场中，提供个性化服务与支持有助于企业树立独特的品牌形象，吸引更多客户，提升市场竞争力。

通过个性化服务与支持，企业可以更精准地预测和满足客户需求，优化物流资源的配置和使用，降低运营成本。个性化服务与支持能够增强客户对企业的信任度和黏性，使客户更愿意与企业建立长期合作关系。

通过市场调研、客户访谈等方式，深入了解客户的特定需求、偏好和行为模式，为个性化服务与支持提供有力支持。基于客户数据和行为分析，构建客户画像，将客户分为不同的群体，并为每个群体提供定制化的服务方案。根据客户的特定需求，设计定制化的物流方案，包括运输方式、配送时间、包装要求等，以满足客户的个性化需求。借助物联网、大数据、人工智能等智能化技术，提高物流服务的智能化水平，实现更精准的预测、更快速的响应和更优化的决策。通过收集和分析客户反馈数据，不断改进和优化个性化服务与支持的质量和效率，提高客户满意度和忠诚度。

四、实践案例分析与效果评估

（一）物联网技术服务优化的成功案例介绍

在零售行业中，客户服务的质量和效率直接关系到企业的销售业绩和品牌形象。近年来，随着物联网技术的快速发展，越来越多的零售企业开始探索将物联网技术应用于客户服务中，以提高购物体验、优化库存管理、提高客户满意度。本书将详细介绍一个具有代表性的物联网技术在客户服务中的成功应用案例——智能零售体验。

本案例中，物联网技术主要通过智能设备、传感器、云计算等技术的集成应用，实现了对零售门店的全面智能化改造。

1.智能货架

通过安装RFID标签和传感器，实现对商品库存的实时追踪和管理。当商品库存低于预设阈值时，系统会自动触发补货请求，确保货架上的商品始终充足。

2.智能导购

利用人脸识别、自然语言处理等人工智能技术，智能导购机器人能够识别顾客的身份和购物偏好，提供个性化的商品推荐和购物指引。顾客还可以通过手机App与智能导购机器人进行交互，获取更多商品信息和优惠活动。

3.智能支付

通过集成移动支付、NFC（近场通信）等支付技术，实现快速、便捷的结账体验。顾客只需将手机靠近收银设备即可完成支付操作，大幅缩短了结账时间。

4.智能监控

利用高清摄像头和智能分析技术，实现对门店安全的实时监控和预警。当有异常情况发生时，系统会立即通知管理人员进行处理。

根据企业的实际需求和业务场景，选择适合的物联网技术、人工智能技术和云计算平台。在门店内部署智能货架、智能导购机器人、智能收银设备等硬件设施，并与后端的云计算平台进行连接。通过数据接口和API（应用程序编程接口）等技术手段，将各个智能设备产生的数据进行整合和共享，实现数据的统一管理和分析。对门店员工进行物联网技术的培训和教育，确保他们能够熟练使用智能设备并为客户提供优质的服务。

（二）服务质量与客户满意度提高的效果评估

经过实施物联网技术改造后，该零售门店取得了显著的成果：

1.服务效率提高

智能货架和智能导购机器人的应用使得顾客能够更快速地找到所需商品并了解商品信息；智能支付系统大幅缩短了结账时间。据统计，该门店的服务效率提高了30%以上。

2.客户满意度提高

个性化的商品推荐和购物指引使得顾客能够享受到更加贴心和便捷的服

务；快速、便捷的结账体验则进一步提高了顾客的购物体验。调查显示，该门店的客户满意度提高了20%以上。

3.库存管理优化

智能货架和云计算平台的应用使得门店能够实时掌握商品库存情况并进行精细化管理；智能补货系统确保了货架上的商品始终充足。这使得该门店的库存周转率提高了15%以上。

本案例展示了物联网技术在客户服务中的成功应用，通过智能设备、传感器、云计算等技术的集成应用，实现了对零售门店的全面智能化改造。这不仅提高了服务效率、优化了库存管理，还提高了客户满意度和企业的市场竞争力。

第七章 安全与风险管理

物流安全与风险管理是物流行业中两个至关重要的概念，它们共同构成了确保物流过程顺利、高效且安全进行的基础。

物流安全，是指在物流运输、仓储、配送等各个环节中，通过采取一系列措施来保障商品的完整性、安全性及质量稳定性，确保商品在到达消费者手中时不会对消费者的生命、财产安全造成任何威胁。物流安全的意义在于保障企业生产经营活动的顺利进行，增加企业的经济效益，并促进社会的可持续发展。为实现物流安全，需要关注运输设备的安全管理、货物的安全管理、司机和相关人员的安全管理以及运输路线的安全管理等方面。

风险管理，是指在物流过程中，针对可能出现的各种风险进行识别、评估和制定应对策略的过程。风险管理对于降低物流过程中的不确定性、减少潜在损失、提高企业竞争力具有重要意义。风险管理包括风险识别、风险评估、风险控制和风险规避等环节。在物流领域，风险管理有助于企业在面临市场开放、法规变化、产品创新等带来的不确定性时，通过制定有效的应对策略来降低风险，保障物流过程的顺利进行。

物流安全强调通过一系列措施来确保物流过程的安全和顺利，而风险管理则侧重于在物流过程中识别、评估和应对潜在风险。两者相辅相成，共同构成了物流行业稳定、高效发展的基石。

物联网在物流安全管理中的作用

物流安全管理在物流行业中占据着举足轻重的地位，它直接关系到货物的完整性、运输的顺畅性和客户需求的满足度。在全球化、信息化的大背景下，物流行业的竞争日益激烈，而物流安全管理则成为企业赢得市场、树立品牌、提高客户满意度的关键因素。物流安全管理能够保障货物的完整性。在物流运输过程中，货物可能面临损坏、丢失、盗窃等风险，而有效的安全管理措施能够最大限度地减少这些风险，确保货物安全、完整地送达目的地。这不仅有助于保护货物的价值，还能够维护企业的信誉和形象。物流安全管理有助于实现运输的顺畅性。物流运输涉及多个环节和多个参与者，任何一个环节出现问题都可能导致运输受阻。而有效的安全管理措施能够协调各个环节、确保各参与方按照规定的流程和时间节点进行操作，从而实现运输的顺畅性。这有助于提高物流效率、降低运输成本、缩短交货周期，增强企业的市场竞争力。物流安全管理能够满足客户需求。客户对于货物的安全、及时送达有着很高的期望，而有效的安全管理措施能够确保货物在运输过程中不受损失、不延误，从而满足客户的需求。这有助于提高客户满意度、增强客户忠诚度，从而促进企业的长期发展。

物流安全管理的基本内容包括对货物、运输工具、人员和环境等方面的管理。在货物管理方面，需要采取适当的包装、装卸和保管措施，确保货物在运输过程中不受损坏；在运输工具管理方面，需要确保运输工具的安全性能符合标准、驾驶员具备相应的驾驶技能和安全意识；在人员管理方面，需要加强安全教育和培训、增强员工的安全意识和操作技能；在环境管理方面，需要关注天气、路况等外部环境因素对物流安全的影响。

物流安全管理也面临着诸多挑战。一方面，物流行业涉及的环节众多、参与方复杂，安全管理难度较大；另一方面，随着物流量的不断增长和物流技术的不断更新换代，安全管理也需要不断适应新的变化和挑战。此外，物流安全管理还需要应对各种突发事件和紧急情况，如交通事故、自然灾害等，这需要企业具备快速响应和应急处理的能力。

物联网技术在物流安全管理中具有巨大的潜力和价值。物联网技术可以实现对物流信息的实时监控和追踪。通过在货物、运输工具等关键节点上安装传感器和定位设备，可以实时获取货物的位置、状态、温度等信息，并将其传输到监控中心进行处理和分析。这使得企业能够及时发现和处理潜在的安全隐患，提高物流安全性。物联网技术可以实现物流数据的收集和分析。通过收集和分析物流过程中的各种数据，如运输时间、运输距离、货物损耗率等，企业可以了解物流过程的实际情况和存在的问题，并据此制定相应的改进措施和优化方案。这有助于提高物流效率、降低运输成本、减少货物损失。物联网技术还可以实现物流安全的智能化管理。通过运用人工智能、大数据等技术对物流数据进行分析和处理，企业可以预测和评估物流过程中的潜在风险，并制定相应的应对策略和措施。这有助于企业提高风险应对能力、降低安全风险、保障物流安全。

面对物流安全管理的基本内容和挑战，企业需要加强安全管理和技术创新，提高物流安全性、降低安全风险。而物联网技术在物流安全管理中具有巨大的潜力和价值，将为企业带来更加安全、高效、智能的物流体验。

一、物联网技术可进行货物追踪与监控

（一）实时定位技术确保货物运输安全

物联网实时定位技术通过集成多种传感器、无线通信技术和数据分析工具，实现对运输车辆的实时监控和定位，为货物运输提供了前所未有的安全保障。通过传感器可以实时测量货物的温度、湿度等参数，并将数据传输给监控中心。如果货物的温度或湿度超出正常范围，监控中心可以立即采取措施，确保货物的安全。RFID标签可以记录货物的位置信息，帮助物流企业追踪货物的运输轨迹。物联网技术也可以应用于运输车辆的监控。这些数据可以帮助物流企业了解车辆的运行状态，优化运输路线，提高运输效率。通过在运输车辆上安装GPS定位传感器、惯性传感器（加速度计、陀螺仪）等，可以实时采集车辆的位置、速度、加速度等参数。传感器采集到的数据通过无线通信网络传输到中心服务器或云服务器进行处理。服务器结合先验知识和算法，对接收到的数据进行处理和分析，以得出车辆的实时位置和状态。在定位服务中，主要依赖三角定位算法（如GPS定位）和基于距离的定位算法（如蓝牙定位）来计算车辆的位置。这些算法能够准确地确定车辆的位

置，为货物运输提供安全保障。服务器将处理后的定位信息通过用户界面或其他形式展示给用户。用户可以在终端设备上通过地图、文字、图形等形式查看车辆的位置信息，实现对货物运输的实时监控和管理。

物联网实时定位技术能够实时监控和追踪运输车辆的位置和状态，确保货物在运输过程中的安全和可靠。当车辆发生异常情况时，如超速、偏离预定路线等，系统能够立即发出警报，提醒相关人员采取措施。通过对运输数据的分析和挖掘，物联网实时定位技术能够预测可能存在的风险，如交通拥堵、天气变化等，并提前采取措施进行预防。这有助于减少货物在运输过程中的损失和延误。在货物运输过程中，如遇到紧急情况（如交通事故、车辆故障等），物联网实时定位技术能够迅速定位车辆位置，为救援人员提供准确的信息，缩短救援时间，降低事故损失。物联网实时定位技术能够实时获取运输车辆的位置和状态信息，为物流企业提供决策支持。通过对这些信息的分析，物流企业可以优化运输路线、提高运输效率、降低运输成本。

物联网实时定位技术采用多种传感器和算法进行定位计算，能够提供准确的车辆位置信息。该技术能够实时采集和传输数据，实现对货物运输的实时监控和管理。物联网实时定位技术可以与其他物联网技术和应用进行集成，实现更广泛的应用场景和更高的价值。虽然物联网实时定位技术的初始投入成本较高，但其带来的效益远超过成本投入，包括提高运输效率、降低运输成本、减少货物损失等。在冷链物流中，货物温度的控制尤为关键。通过在货物包装内或运输车辆中安装温度传感器，物联网系统能够实时监测货物的温度变化。当货物温度超出预设范围时，系统会立即发出警报，提醒相关人员采取措施，确保货物在适宜的温度下运输。在运输过程中，货物的移位可能导致损坏或丢失。

（二）监控技术防范货物丢失与损坏

智能物流监控技术是指利用先进的信息技术、物联网技术和传感器技术等手段，对物流过程中的货物进行实时、准确、全面的监控和管理。这些技术包括RFID技术、GPS定位技术、温湿度传感器、视频监控等。RFID技术通过射频信号自动识别目标对象并获取相关数据，实现对货物的实时追踪和管理。在物流过程中，每一个货物都被赋予一个独特的RFID标签，通过读写器可以实时获取货物的位置和状态信息。这种技术可以显著提高货物的可追溯性和透明度，有效防范货物丢失和损坏。例如，在货物运输过程中，物流企业可以通过RFID技术实时追踪货物的位置，及时发现货物的异常情况，如丢失、损坏等。通过RFID技术，物流企业还可以实现货物的快速入库、出库和盘点，提高物流效率。GPS定位技术通过卫星信号实现对运输车辆的实时定位和追踪。物流企业可以利用GPS定位技术实时掌握车辆的行驶轨迹、速度和位置等信息，确保货物能够安全、准时地送达目的地。在货物运输过程中，物流企业可以通过GPS定位技术及时发现车辆的异常情况，如偏离路线、超速等，从而及时采取措施保障货物的安全。此外，GPS定位技术还可以帮助物流企业优化运输路线，提高运输效率。在某些特殊行业，如冷链物流中，货物的温度和湿度对货物的质量和安全性至关重要。温湿度传感器可以实时监测货物的温度和湿度情况，并将数据实时传输到监控中心。通过温湿度传感器，物流企业可以及时了解货物的环境条件，并根据需要采取相应的措施，如调整运输方式、改变存储条件等，确保货物在运输和存储过程中保持恒定的温度和湿度条件，从而有效防范货物损坏。

视频监控技术通过在物流车辆和仓库中安装摄像头来实时监控货物的运输和存储情况。物流企业可以通过视频监控技术实时查看货物的运输状态、存储环境以及员工操作情况等信息。可以帮助物流企业及时发现潜在的问题和风险，如货物被盗、车辆故障等，从而及时采取措施保障货物的安全。此外，视频监控技术还可以作为事后追溯的依据，为物流企业处理纠纷和投诉提供证据支持。

智能物流监控技术的应用可以帮助物流企业提高货物的可追溯性和透明度，有效防范货物丢失和损坏；提高物流效率，降低运输成本；优化运输路线，减少运输时间；实时监测货物的环境条件，确保货物质量和安全性；为物流企业处理纠纷和投诉提供证据支持。物联网技术还可以构建预警系统，提前预测潜在的风险并发出预警信息。预警系统通常包括数据采集、数据分析、预警模型构建和预警信息发布等模块。物联网技术通过实时采集数据，为预警系统提供丰富的数据源。数据分析模块利用先进的算法对数据进行处理和分析，发现潜在的风险因素。预警模型构建模块根据历史数据和实时数据，构建出能够预测未来风险的模型。同时，预警信息发布模块将预警信息发送给相关人员，以便他们及时采取措施。预警信息的发送和接收是预警系统的重要环节。物联网技术可以通过多种方式发送预警信息，如短信、邮件、App推送等。预警信息也可以根据不同的接收者进行个性化设置，以满足不同人员的需求。接收者收到预警信息后，可以根据实际情况及时采取措施，防止异常情况的发生或减轻其影响。

物联网技术在减少货物损失与损坏方面的应用已经取得了显著的效果。以下是一些实际应用案例：

冷链物流：在冷链物流中，物联网技术通过温度传感器和湿度传感器对货物进行实时监控，确保货物在运输过程中始终处于适宜的温度和湿度环境中。当温度或湿度出现异常时，系统会立即发出预警，并自动调整运输车辆的温度控制系统。这种应用可以显著降低冷链物流中的货物损失和损坏率。

贵重物品运输：对于贵重物品的运输，物联网技术通过GPS定位、电子标签等技术进行实时监控和追踪。通过振动传感器监测货物在运输过程中的振动情况，当振动异常时发出预警。这种应用可以确保贵重物品在运输过程中的安全性和完整性，降低货物损失和损坏的风险。

运输车辆管理：物联网技术还可以应用于运输车辆的管理中。通过在车辆上安装传感器和监控设备，可以实时获取车辆的运行状态、油耗、位置等信息。当车辆出现故障或异常情况时，系统会立即发出预警，并通知维修人员进行处理。这种应用可以提高运输车辆的可靠性和安全性，降低因车辆故障导致的货物损失和损坏风险。

（三）数据记录与分析助力事故调查与追责

智能物流数据记录是指通过物联网设备、传感器等技术手段，实时、准确地记录物流过程中的各类数据。这些数据包括车辆行驶轨迹、货物状态、温度湿度、人员操作等。通过智能物流数据记录，人们可以全面了解物流过程中的每一个环节，为事故调查提供有力的证据支持。智能物流数据记录能够实时更新，确保数据的及时性和准确性。通过物联网设备和传感器，智能物流数据记录能够覆盖物流过程的每一个环节，并提供全面的数据支持。智能物流数据记录具有可追溯性，可以追溯到物流过程中的每一个环节，为事故调查提供详细的线索。

智能物流数据分析是指对智能物流数据记录进行深度挖掘和分析，发现其中的规律和趋势，为事故调查与追责提供决策支持。通过智能物流数据分析，人们可以发现事故发生的潜在原因，预测未来的风险点，从而制定有针对性的预防措施。通过对智能物流数据的分析，人们可以发现事故发生的潜在原因，如车辆超速、货物装载不当、人员操作失误等。这些原因可以为事故调查提供重要的线索。通过对历史数据的分析，智能物流数据分析可以预测未来的风险点，为物流企业提供预警信息，帮助企业及时采取措施避免事故的发生。智能物流数据分析可以为物流企业提供决策支持，帮助企业制定有针对性的预防措施，提高物流过程的安全性和效率。

在事故调查与追责中，智能物流数据记录与分析发挥着重要作用。通过智能物流数据记录，人们可以全面了解事故发生的经过和细节；通过智能物流数据分析，人们可以发现事故发生的潜在原因和规律。这些信息可以为事故调查提供有力的证据支持，帮助相关部门快速查明事故原因和责任方。例如，在某次货物运输事故中，通过智能物流数据记录和分析，发现事故是由于车辆超速行驶导致的。这一发现为事故调查提供了重要的线索，使得相关部门能够迅速查明事故原因并追究责任。该案例也促使物流企业加强了对车辆行驶速度的管理和监控，提高了物流过程的安全性。

智能物流数据记录与分析在事故调查与追责中通过实时、准确地记录物流过程中的各类数据并进行深度挖掘和分析，人们可以全面了解事故发生的经过和细节，发现事故发生的潜在原因和规律，为事故调查提供有力的证据支持。

二、提升仓储安全性能

（一）智能门禁与监控系统减少非法入侵风险

在智能物流体系中，智能门禁与监控系统对于减少非法入侵风险具有不可替代的作用。智能门禁系统是一种集自动识别技术和现代安全管理措施于一体的新型安全管理系统。它通过采用先进的门禁控制技术和手段，实现对出入口的控制和管理，从而保障物流区域的安全。智能门禁系统具有识别准确、响应迅速、操作简便等特点，可以有效防止非法入侵和未经授权的人员进入。智能监控系统是利用现代视频技术、网络传输技术、智能分析技术等手段，对物流区域进行实时监控和管理的系统。它可以对物流区域进行全方位、多角度的监控，及时发现异常情况并采取相应的处理措施。智能监控系统具有实时监控、高清画质、智能分析等特点，可以极大地提高物流区域的安全防范能力。

智能门禁系统采用生物识别技术（如指纹识别、人脸识别等）、密码验证等方式，对进入物流区域的人员进行身份识别和验证。只有经过系统验证的人员才能进入物流区域，从而有效防止非法入侵和未经授权的人员进入。

智能监控系统可以对物流区域进行实时监控，并通过智能分析技术识别异常情况。一旦发现非法入侵或其他异常情况，系统可以立即发出报警信号，并通知相关人员进行处理。这种实时监控和报警机制能够极大地提高物流区域的安全防范能力。智能门禁与监控系统可以记录所有进出物流区域的人员信息、时间、方式等数据，并进行详细的分析和统计。这些数据可以为物流管理者提供重要的参考依据，帮助他们更好地了解物流区域的安全状况，制定更加科学、合理的安全管理措施。可以与物流管理系统、消防系统等其他系统进行联动和协同。当物流区域发生异常情况时，这些系统可以相互协作、共同应对，从而最大限度地减少损失和风险。

智能门禁与监控系统具有提高识别准确性、实时监控与预警、数据记录与分析、联动与协同应对等作用。智能门禁系统采用先进的生物识别技术和密码验证方式，可以大大提高身份识别的准确性。这种准确性可以有效地防止非法入侵和未经授权的人员进入物流区域。这种实时监控和预警机制可以大幅缩短发现和处理异常情况的时间，对物流区域进行实时监控，并通过智能分析技术及时发现异常情况。从而有效地减少非法入侵的风险。智能门禁与监控系统可以记录所有进出物流区域的人员信息、时间、方式等数据，并进行详细的分析和统计。这些数据可以为物流管理者提供重要的参考依据，帮助他们更好地了解物流区域的安全状况，制定更加科学、合理的安全管理措施。这些措施可以进一步降低非法入侵的风险。当物流区域发生异常情况时，智能门禁与监控系统与物流管理系统、消防系统等其他系统进行联动和协同，这些系统可以相互协作、共同应对，从而最大限度地减少损失和风险，极大地提高物流区域的安全防范能力。

物联网技术通过电子标签、二维码等技术，为货物提供了高效、可靠的安全认证方案。电子标签是物联网技术中常用的一种标识技术，通过在货物上粘贴电子标签，可以存储货物的相关信息，如生产批次、生产日期、保质期等。这些信息可以通过无线方式读取，实现货物的快速识别和追踪。电子标签还可以与数据库进行关联，实现对货物信息的实时更新和查询。在货物安全认证方面，电子标签可以用于验证货物的真实性和完整性，防止假冒伪劣产品的流入。

二维码是一种高密度的条码技术，可以在较小的面积内存储大量的信息。在物流领域，二维码被广泛应用于货物的标识和追踪。通过在货物上打印二维码，可以存储货物的相关信息，如生产厂商、产品型号、生产日期等。通过扫描二维码，可以快速获取货物的信息，并进行验证。此外，二维码还可以与防伪技术相结合，实现货物的防伪认证。例如，在二维码中嵌入加密算法和防伪码，只有经过授权的扫描设备才能读取和验证这些信息，从而确保货物的真实性和安全性。在物流过程中，运输人员的授权管理对于确保货物安全、防止未经授权操作至关重要。物联网技术通过身份认证、权限分配和访问控制等手段，为运输人员提供了安全可靠的授权管理方案。身份认证是确保运输人员身份真实性的重要手段。物联网技术可以通过生物识别技术（如指纹识别、面部识别等）或智能卡等技术，对运输人员的身份进行验证。只有经过身份认证的运输人员才能访问和操作物流系统，从而确保系统的安全性。在物流系统中，不同的运输人员具有不同的权限和职责。物联网技术可以根据运输人员的角色和职责，为其分配相应的权限。例如，仓库管理员可以访问仓库管理系统，进行货物的入库、出库等操作；而司机则只能访问车辆管理系统，查看车辆状态和行驶轨迹等信息。通过权限分配，可以确保运输人员只能访问和操作自己权限范围内的系统资源，防止越权操作的发生。访问控制是确保物流系统安全性的重要手段。物联网技术可以通过设置访问规则、加密传输等方式，对物流系统的访问进行严格控制。例如，可以设置只有经过身份验证的运输人员才能访问系统；还可以对传输的数据进行加密处理，防止数据被窃取或篡改。通过访问控制，可以确保物流系统的安全性和稳定性。

（二）环境监测技术预防火灾等安全隐患

物流仓储设施的数量和规模不断扩大，伴随着的火灾等安全隐患也日益凸显。为了有效预防火灾等安全隐患，智能物流中环境监测技术通过实时监测物流环境中的各项参数，能够及时发现潜在的安全风险，采取相应的预防措施，确保物流过程的安全和顺畅。

在物流仓储中，温度是影响货物安全的重要因素之一。过高的温度可能导致易燃易爆物品自燃，从而引发火灾。环境监测技术中的温度监测功能，通过安装温度传感器，系统能够实时监测仓库内的温度变化，当温度超过设定阈值时，系统将自动发出警报，提醒工作人员采取降温措施，防止火灾的发生。过低的湿度可能导致货物干燥、开裂，而过高的湿度则可能导致货物受潮、发霉。在物流仓储中，湿度监测同样重要。通过安装湿度传感器，系统能够实时监测仓库内的湿度变化，当湿度超过设定阈值时，系统将自动启动除湿或加湿设备，保持仓库内的湿度在合适的范围内，防止因湿度变化引起的安全隐患。通过安装烟雾传感器，系统能够实时监测仓库内的烟雾浓度，当烟雾浓度超过设定阈值时，系统将自动发出警报，并启动灭火设备或通知消防部门进行处理。烟雾监测技术的应用能够及时发现火灾隐患，避免火灾的发生或扩大。通过安装摄像头，系统能够实时监控仓库内的情况，包括货物的堆放、人员的活动以及设备的运行等。视频监控技术的应用有助于及时发现异常情况，如货物丢失、人员违规操作等，从而采取相应的处理措施，防止发生安全事故。

环境监测技术具有实时监测、自动报警、数据分析的优势，能够实时监测物流环境中的各项参数，确保数据的准确性和及时性。当监测到异常情况时，系统将自动发出警报，提醒工作人员采取相应的处理措施，避免安全事故的发生。环境监测技术能够收集和分析大量的数据，帮助工作人员更好地了解物流环境的安全状况，制定更加科学、合理的安全管理措施。

（三）自动化巡检提高安全检查效率

传统的安全检查方式依赖人工巡检，这种方式不仅效率低下，而且容易存在疏漏。目前，自动化巡检系统在智能物流中的应用越来越广泛，其通过实时监测、智能分析等功能，极大地提高了安全检查效率，为智能物流的安全发展提供了有力保障。自动化巡检系统通过集成传感器、摄像头等监控设备，实时监控物流过程中的各个环节，包括货物的堆放、运输设备的运行、人员的活动等。系统还能够对物流环境进行智能监测，如温度、湿度、烟雾等参数的监测，确保物流环境的安全稳定。该系统具备强大的智能分析能力，对收集到的数据进行实时处理和分析。通过对数据的智能分析，系统能够及时发现异常情况，如货物的破损、运输设备的故障、人员的违规行为等，并自动发出预警信息。这种智能分析与预警功能极大地提高了安全检查的准确性和及时性。自动化巡检系统自动生成巡检报告和记录，详细记录物流过程中的各项数据和异常情况。这些报告和记录不仅方便管理人员查看和分析，还可以为后续的安全管理提供重要参考。自动化报告与记录功能还能够减少人工操作的时间和错误率，提高安全检查的效率和准确性。

传统的安全检查方式需要大量的人力进行定时定点的检查，而自动化巡检系统能够实现24小时不间断地监控和检测。这种自动化的巡检方式可以大大降低人工巡检的成本，减少对人力资源的浪费。通过实时监控和智能分析功能，能够及时发现异常情况并自动发出预警信息。这种自动化的检查方式比人工巡检更加准确和及时，能够及时发现潜在的安全隐患并采取相应的处理措施。优化巡检流程，自动分配巡检任务、收集和分析数据、生成报告等，实现巡检流程的自动化和智能化。这种优化后的巡检流程提高了安全检查的效率和准确性，减少了人为因素的干扰和错误。

三、加强供应链安全协同

（一）信息共享机制提升了供应链的透明度

在全球化背景下，供应链日益复杂，涉及多个环节和参与者。供应链的透明度决定着物流效率、降低风险以及实现可持续发展。信息共享机制具有三个核心要素。一是数据集成与共享。智能物流系统通过建立统一的数据平台，将供应链各环节的数据进行集成和共享。这包括供应商信息、采购订单、物流信息、库存状态等，实现信息的实时更新和共享。二是区块链技术。区块链技术为智能物流提供了去中心化、不可篡改的数据存储和传输方式。通过区块链，供应链中的各个环节可以实现安全、可靠的信息共享，提高信息的透明度和可信度。三是物联网技术。物联网技术通过在供应链各环节部署传感器和智能设备，实现对物流、库存等关键数据的实时监控和追踪。这些数据可以实时上传至智能物流系统，提高供应链的可视化和透明度。

信息共享机制通过数据集成与共享，减少“信息孤岛”，实现供应链信息的全面共享和互通。这使得供应链参与者能够实时了解供应链状态，减少因信息不对称而导致的风险和浪费。通过实时更新和共享供应链数据，为供应链参与者提供准确、及时的信息支持。这有助于企业做出更明智的决策，优化资源配置，提高决策效率和供应链效率。区块链技术和物联网技术的应用，确保供应链数据的真实性和可信度。有助于企业及时发现潜在的风险和问题，采取相应的措施进行防范和应对。建立长期稳定的供应链合作伙伴关系，共同制定供应链的目标和策略，推动供应链的可持续发展，包括环境保护、社会责任和道德经营等方面。

（二）风险预警系统实现快速响应

智能物流中的风险预警系统依托先进的信息技术和智能化手段，对物流过程中的潜在风险进行实时监测、预测和预警，从而确保物流过程的安全、高效和可靠。智能物流风险预警系统是一种集成物联网、大数据、云计算、人工智能等技术的智能化系统，用于监测和预测物流过程中可能出现的风险，并及时发出预警信息。该系统具有实时性、动态性、预测性和智能化等特点，能够快速响应物流过程中发生的异常情况，提供有效的风险预警。通过数据分析、历史数据比对等方式，识别出可能对物流过程产生影响的潜在风险源，如天气、交通状况、货物特性等。实时监测物流过程中的各项数据，一旦发现异常情况，立即进行风险预警。当系统检测到潜在风险或异常情况时，会立即向相关人员发送预警信息，以便及时采取应对措施。

智能物流风险预警系统通过应用先进的算法和模型，系统能够准确预测潜在风险，并提前发出预警信息，为快速响应提供时间保障。建立与应急响应体系的联动机制，确保在收到预警信息后能够迅速启动应急预案，采取有效措施进行处置。实现各部门、各环节的实时数据共享和协同作业，确保信息的准确性和及时性，提高响应效率。

智能物流风险预警系统通过不断优化算法和模型，提高系统对潜在风险的识别能力和预警准确性。针对不同类型的风险，设计灵活的预警策略和处置方案，以适应不同场景下的需求。采用先进的安全防护技术，确保系统数据的安全性和完整性，防止各种恶意攻击和数据泄漏。

（三）加强合作伙伴间的安全标准与规范

在智能物流的发展过程中，合作伙伴间的安全标准与规范非常重要，智能物流涉及大量物流信息的传输和处理，包括货物的详细信息、运输计划、交接单据等。加强合作伙伴间的安全标准与规范，可以确保这些信息的传输安全，防止信息被窃取或篡改。物流设施是智能物流的重要基础设施，其安全性直接关系到货物的安全。要确保物流设施配备安全设备，如监控摄像头、入侵报警系统等，从而保护货物免受盗窃和破坏。可以选择可靠的运输合作伙伴，对货物进行安全包装，对运输车辆进行安全检查，并在货物运输过程中实施实时监控，以确保货物的安全运输。

如何加强智能物流中合作伙伴间的安全标准与规范呢？一是制定统一的安全标准与规范，智能物流的合作伙伴应共同制定统一的安全标准与规范，明确信息安全、物流设施安全、运输过程安全等方面的具体要求，确保各方在执行过程中遵循相同的安全标准。二是加强信息安全管理，合作伙伴应建立严格的信息安全管理制度，对物流信息进行加密传输和存储，限制访问权限，防止未授权的访问和数据泄漏。应定期对信息系统进行安全检查和漏洞修复，确保信息系统的安全稳定运行。三是引入先进的物流技术，合作伙伴应积极引入先进的物流技术，如物联网、RFID标签、GPS定位等，实现对货物的实时监控和追踪。这些技术可以提高物流的透明度和可追溯性，降低货物的丢失率和损坏率。四是加强人员培训和管理，合作伙伴应加强对物流人员的培训和管理，增强员工的安全意识和应急处理能力。应建立严格的身份认证和访问控制制度，确保只有合法授权的人员才能参与物流活动。五是建立应急响应机制，合作伙伴应共同建立应急响应机制，制定应急预案和处置流程，明确各类突发事件的应对措施和责任分工。应配备必要的安全保障设备和救援装备，以应对突发情况和灾害事件。

风险评估与应对策略

在物流行业中，风险管理是一项至关重要的任务。风险评估是风险管理的核心环节，其在物流安全管理中占据着不可或缺的地位。通过深入的风险评估，物流企业可以准确识别、分析和应对潜在风险，从而显著提升物流安全性和效率。

风险评估是物流安全管理中的基石。它通过对物流过程中可能出现的各种风险因素进行系统的识别、分析和评价，为物流企业提供了全面的涉风险信息。这些信息不仅有助于企业了解当前面临的风险状况，还能帮助企业预测未来的风险趋势，从而制定出科学、合理的风险管理策略。

一、物联网环境下的风险评估

（一）识别物联网技术引入的新风险点

物联网技术，是信息科技产业的第三次革命，已经深入了人们生活的方方面面。它通过信息传感设备，将多种物体与网络相连接，实现智能化识别、定位、跟踪、监管等功能。但物联网技术的广泛应用，也带来了一系列新的风险点。物联网设备能够收集并传输大量用户行为数据，这些数据可能包含个人隐私信息。一旦这些数据被非法获取或滥用，将会对用户的隐私造成严重威胁。由于物联网设备通常需要连接到特定的网络才能实现其功能，因而进一步加剧了数据隐私泄漏的风险。物联网设备由于数量庞大、分布广泛，且通常具有较弱的安全防护能力，因此成为黑客攻击的重要目标。一旦黑客成功入侵物联网设备或硬件组件，他们就能够访问网络中的所有数据，进而威胁用户的隐私和安全。这种网络攻击可能导致数据泄漏、系统瘫痪、服务中断等严重后果。物联网设备的身份验证问题也是一种较大的安全风险。由于物联网设备通常需要在多个网络和应用之间进行交互，因此必须进行有效的身份验证。目前，许多物联网设备在身份验证方面存在漏洞，容易被黑客利用进行攻击。如果某个设备的身份被仿冒，黑客就可以访问设备中的数据，从而威胁网络的安全性。由于物联网设备通常被部署在公共场所，它们也可能面临物理攻击的风险。例如，设备可能被盗取、损坏或恶意篡改，导致数据泄漏、系统瘫痪等后果。一些物联网设备还可能被用于进行物理攻击，如通过控制智能家居设备对用户进行恐吓或伤害。物联网设备面临着人工智能支持的网络战风险。恶意行为者可以利用人工智能技术快速识别物联网设备源代码中的漏洞，并发起有针对性的攻击。这种攻击可能导致物联网设备被控制、数据被窃取或系统瘫痪。5G技术的广泛应用为物联网提供了更高的带宽和更低的延迟，但也带来了新的安全风险。例如，5G网络中的DDOS攻击可能导致网络过载和服务中断；由于5G网络中的设备数量庞大且分布广泛，一旦发生安全事件，其影响范围也将更加广泛。

（二）准确评估风险发生的概率与潜在影响

准确评估风险的发生概率及其潜在影响，有助于制定有效的风险防控策略，保障物流系统稳定运行。在智能物流系统中，风险主要来源于技术、管理、人员等多个方面。人们需要对物流系统中可能存在的各类风险进行全面梳理和识别。这些风险包括：技术风险，如系统故障导致的数据丢失或系统崩溃。这类风险的发生概率可能因系统稳定性、硬件质量等因素而异。一旦发生，可能导致物流信息中断、操作延误等严重后果，对物流系统的正常运行造成重大影响。管理风险，如物流过程管理不当导致的货物损失或延误。这类风险的发生概率与管理水平、人员素质等因素有关。一旦发生，可能导致客户投诉、企业声誉受损等后果，对企业运营产生负面影响。人员风险，如信息泄漏、安全问题等。这类风险的发生概率与人员素质、安全意识等因素有关。一旦发生，可能导致企业机密泄漏、客户隐私泄漏等严重后果，对企业声誉和客户信任造成重大损害。在识别出潜在风险后，我们需要采用合适的方法对风险进行评估。风险评估方法可以分为定性评估和定量评估两大类。

1.定性评估

SWOT分析：通过对智能物流管理系统的优势（Strengths）、劣势（Weaknesses）、机会（Opportunities）和威胁（Threats）进行分析，确定风险事件的影响程度和概率。

风险评估矩阵：风险矩阵法是一种直观、易用的定性风险评估方法，它通过综合考虑风险的可能性和影响程度来评估风险的严重性。风险矩阵通常是一个二维图表，其中一个轴表示风险的可能性（或频率），另一个轴表示风险的影响（或严重性）。可能性和影响程度通常被划分为若干等级，如“非常低”“低”“中等”“高”和“非常高”。该方法结合了风险的发生概率和潜在影响程度，通过构建4×4的矩阵模型，对风险进行定位。评分标准根据企业的实际情况和风险评估的需求来设定。可能性的评分标准可以包括：几乎不可能发生、不太可能发生、有可能发生、很可能发生和几乎肯定发生；影响程度的评分标准可以包括：几乎无影响、影响较小、中等影响、重大影响和灾难性影响。假设某物流企业在运输过程中面临货物损坏的风险。通过评估，该风险的可能性被评定为“中等”，影响程度被评定为“重大影响”。在风险矩阵中，这个风险将被标记在“中等可能性”和“重大影响”的交叉点上，表示这是一个需要重点关注和应对的风险。

事件树法（ETA）：事件树分析是一种逻辑演绎的分析工具，用于识别和评价系统中的潜在故障模式。事件树分析通过构建一棵倒立的树状图来描述系统中各种故障事件之间的逻辑关系。对事件发生的可能性和影响进行分析，进而确定各种事件的概率和影响程度。树的顶部是顶事件（最不希望发生的故障事件），底部是基本事件（导致顶事件发生的直接原因）。在事件树中，通过逻辑门（如与门或门等）来连接各个事件，表示它们之间的逻辑关系。构建事件树的步骤包括：确定顶事件、分析顶事件的原因、构建事件树、简化事件树和定性/定量分析。在构建过程中，需要充分考虑系统中的各种因素，如设备故障、人为错误、环境因素等。事件树分析广泛应用于物流、航空、航天、核能等领域的安全分析中。在物流领域，事件树分析可以帮助企业识别运输过程中的潜在事故，制定相应的预防措施和应急措施。

失效模式和影响分析法（FMEA）：通过对可靠性、安全性等多个方面进行分析，采用多种评价指标对系统进行评估，确定各种失效模式的概率和潜在影响。FMEA可以帮助人们提出优化方案，降低系统失效的风险。

其他定性评估方法：物流过程中还可以采用其他定性评估方法，如专家打分法、风险评级法等。这些方法通常基于专家的经验和知识，对风险进行主观评估。这些方法具有一定的主观性，但在某些情况下仍能提供有价值的参考信息。

2.定量评估

在物流过程中，定量风险评估方法通过数学和统计工具来精确量化风险，为决策者提供更为具体和可靠的数据支持。

蒙特卡罗模拟：是一种基于概率统计的随机模拟方法，通过模拟大量随机事件来评估物流过程中的风险。在物流风险评估中，蒙特卡罗模拟可以模拟运输时间、成本、货物损坏率等关键变量的随机变化，从而评估这些变化对物流目标（如准时送达率、成本效益等）的影响。通过多次模拟，可以得到这些变量在不同条件下的概率分布，为决策者提供更为全面的风险信息。蒙特卡罗模拟具有灵活性、可视化、预测性等优势，可以模拟各种复杂的物流场景和风险因素，通过图表和图像展示模拟结果，便于理解和分析，预测物流过程中可能出现的各种情况，为决策提供前瞻性支持。

风险量化模型：是通过构建数学模型来量化物流过程中的风险。风险量化模型的构建通常包括确定风险因素、收集数据、建立模型、验证模型等步骤，识别物流过程中可能影响目标实现的关键因素。收集历史数据、专家意见等相关信息，利用统计学、概率论等方法建立数学模型，描述风险因素与目标之间的关系，通过实际数据或模拟数据验证模型的准确性和可靠性。风险量化模型的关键参数包括风险因素的概率分布、目标函数的数学表达式等。这些参数需要根据实际情况进行设定和调整。通过风险量化模型，可以得到物流过程中各种风险因素的量化评估结果，如期望损失、标准差等。这些结果可以为决策者提供更为精确的风险信息，支持其制定更为合理的风险管理策略。

其他定量评估方法：除了蒙特卡罗模拟和风险量化模型外，物流过程中还可以采用其他定量评估方法，如敏感性分析、决策树分析等。敏感性分析是一种评估模型参数变化对结果影响程度的方法。在物流风险评估中，敏感性分析可以评估不同风险因素对物流目标的影响程度，从而确定关键风险因素和制定有针对性的风险管理措施。决策树分析是一种基于树状图的决策分析方法。在物流风险评估中，决策树分析可以描述不同决策路径下的风险情况和结果，帮助决策者选择最优的决策方案。

定量风险评估方法为物流过程中的风险管理提供了更为精确和可靠的数据支持。企业可以根据自身实际情况和需求选择合适的定量评估方法，以科学、系统地评估物流过程中的风险，为决策提供有力支持。

3.综合评估

在物流风险管理领域，仅仅依赖定性或定量的评估方法通常难以全面、准确地揭示风险的全貌，因而综合评估方法应运而生。它结合了定性和定量评估方法的优势，为物流风险管理提供了更为全面、科学的决策依据。

在物流风险管理中，定性和定量评估方法各有千秋。定性评估方法如风险矩阵法、事故树分析等，能够基于专家的经验和知识，对风险进行主观但深入的评估；而定量评估方法如蒙特卡罗模拟、风险量化模型等，则通过数学和统计工具来精确量化风险，提供客观、可比较的数据支持。可是单一的方法一般难以全面反映风险的复杂性和多样性。综合评估方法通过整合定性和定量评估方法的优势，能够更加全面、系统地评估物流风险。它不仅能够考虑风险因素的主观性和复杂性，还能够利用数学和统计工具进行精确计算和预测。综合评估方法在物流风险管理中具有不可替代的作用。

综合评估一般通过明确评估目标和范围、收集信息和数据、选择评估方法、进行风险评估、综合分析和判断方式来确定要评估的物流风险类型、范围和目的，为后续评估提供明确的方向。收集与物流风险相关的历史数据、专家意见、市场调研等信息，为评估提供充分的数据支持。根据评估目标和范围，选择合适的定性和定量评估方法，如风险矩阵法、蒙特卡罗模拟等。运用所选的评估方法，对物流风险进行定性和定量的评估，得出风险的可能性、影响程度等量化指标。将定性和定量评估结果进行综合分析和判断，得出物流风险的整体评估结果和优先级排序。

在综合评估方法中，成分分析（AHP）和模糊综合评价法是两种常用的方法。AHP通过将复杂问题分解为多个层次和因素，利用专家打分和数学运算来确定各因素的权重和优先级；而模糊综合评价法则利用模糊数学理论来处理模糊信息，通过模糊合成运算得出综合评价结果。这些方法能够有效地整合定性和定量信息，为物流风险管理提供全面、科学的决策支持。

以某物流公司为例，该公司在运输过程中面临多种风险，如货物损坏、运输延误等。为了全面评估这些风险，该公司采用了综合评估方法。通过收集历史数据和专家意见，识别出关键风险因素；运用风险矩阵法和蒙特卡罗模拟等方法对风险因素进行定性和定量评估；利用层次分析法将评估结果进行整合和分析，得出各风险因素的优先级排序和整体风险评估结果。基于综合评估结果，该公司制定了针对性强的风险管理策略，如加强货物包装、优化运输路线等。经过实施这些策略，该公司的物流风险得到了有效控制，运输效率和客户满意度也得到了显著提升。这个例子充分说明了综合评估在物流风险管理中的实际应用和优势。

（三）确立风险评级与优先级排序

为了有效地管理和控制风险，确保物流系统的稳定运行，需进行风险评级与优先级排序。风险评级是对潜在风险进行量化评估的过程，旨在明确风险的严重性和可能性。在智能物流中，风险评级通过分析历史数据、技术状况、管理水平等因素，评估风险发生的可能性。可以采用概率评估法、专家打分法等方法进行量化评估。评估风险一旦发生可能带来的损失或影响，包括经济损失、声誉损害、客户流失等。可以采用影响评估矩阵、故障树分析等方法进行量化评估。评估风险是否可以通过采取相应措施进行控制和降低。可控性较高的风险，其评级可以相对较低。基于以上要素，可以设定风险评级的标准和等级。例如，将风险划分为低、中、高三个等级，或者采用更细分的五级或十级评级体系。评级的具体标准应根据智能物流系统的实际情况进行设定，确保评级结果的客观性和准确性。

在确立了风险评级后，需要对风险进行优先级排序，以便在有限的资源下优先处理高风险事件。风险优先级的排序应遵循风险评级优先、紧急程度优先、资源利用效率优先三个原则。高风险评级的事件应优先处理。这是因为高风险事件一旦发生，可能带来的损失和影响较大，需要尽快采取措施进行防控。在风险评级相同的情况下，紧急程度较高的事件应优先处理。例如，一些可能导致系统立即崩溃或数据丢失的风险事件，需要立即采取措施进行应对。在风险评级和紧急程度相近的情况下，应优先处理那些可以通过较小投入实现较大风险降低的事件。这样可以提高资源利用效率，确保风险防控工作的效果。为了实现风险优先级的排序，可以采用风险矩阵图、风险热力图等工具进行可视化展示。这些工具可以帮助人们直观地了解各个风险点的优先级，为风险防控策略的制定提供有力支持。

智能物流系统是一个动态变化的环境，风险评级与优先级排序也需要根据实际情况进行动态调整。要定期评估，对智能物流系统中的风险进行评估和评级，确保评级结果的准确性和时效性。通过实时监控系统对智能物流系统的运行状态进行监控，及时发现新的风险点并调整评级和优先级。根据风险防控策略的实施效果，对风险评级与优先级进行反馈调整。对于成功降低风险的事件，可以降低其评级和优先级；对于未能有效防控的风险事件，需要提高其评级和优先级。

二、构建全面的风险应对策略

（一）制定针对性强的安全防护措施

在物流中，人们需要针对不同的风险制定针对性强的安全防护措施。一是加强信息安全防护，要对物联网设备进行定期的安全检查和维护，及时修复安全漏洞。采用安全加固措施，如防火墙、入侵监测系统等，提高设备的安全性。采用加密技术对物流数据进行传输，确保数据在传输过程中不被截获或篡改。使用安全的通信协议和传输方式，可以选择使用TLS/SSL等安全通信协议，降低数据传输风险。对物联网设备的访问进行严格控制，确保只有经过授权的人员才能访问敏感数据或执行操作。实施身份验证和权限管理，防止未经授权的访问。建立严格的内部安全管理制度，对员工进行安全教育和培训。对敏感数据进行分类和加密存储，防止数据泄漏。加强系统监控和日志审计，定期对物联网设备、系统进行安全审计，检查是否存在安全漏洞或违规操作。通过安全审计，可以及时发现潜在的安全风险，并采取相应的措施进行修复和改进。建立安全监控中心，对物联网设备和系统进行实时监控。一旦发现异常行为或安全事件，应立即启动应急响应机制，采取必要的措施进行处置。

二是强化物理安全防护。利用物联网技术，通过安装传感器和监控设备，实时追踪货物的位置和状态，及时发现货物的异常情况，并采取相应措施进行处理。采用高强度、抗冲击的包装材料，确保货物在运输过程中得到充分的保护。优化包装结构，提高包装的抗压能力和缓冲性能。针对易损货物，可以采用抗损材料进行包装或加固。例如，使用泡沫板、气垫膜等材料填充空隙，减少货物在运输过程中的晃动和碰撞。制定严格的装卸操作规程，对装卸人员进行培训，确保他们掌握正确的操作方法。定期检查装卸设备，确保其处于良好状态。根据货物的特性，为其提供适宜的存储环境。例如，对于需要低温保存的货物，可以配备冷藏设备；对于需要防潮的货物，可以放置干燥剂等。加强仓库和运输车辆的安全管理，安装监控设备和报警系统，防止盗窃和故意破坏等事件的发生。为货物购买运输保险，以便在货物损失或损坏时能够得到相应的赔偿。这有助于减轻企业的经济损失，并增强客户对企业的信任度。

三是提高操作安全水平。要建立完善的操作规程和安全管理制度，明确操作人员的职责和义务，确保操作过程的安全性和规范性。加强操作人员的安全培训和技能提升，提高操作人员的安全意识和操作技能水平。采用先进的自动化和智能化技术，减少人为操作失误和设备故障的风险。建立应急响应机制，对突发事件进行及时响应和处理，确保物流过程的连续性和稳定性。

（二）建立应急响应与恢复计划

尽管人们采取了一系列预防措施来降低潜在风险，但突发事件仍有可能发生，如自然灾害、设备故障、人为错误或信息安全问题等。这些事件可能对物流系统造成严重影响，导致运输延误、货物损失、服务中断等后果。

应急响应与恢复计划是智能物流系统中的一个重要组成部分，它能够在突发事件发生时迅速启动，采取有效措施降低事件对物流系统的影响，保障物流服务的连续性和可靠性。一个完善的应急响应与恢复计划还能提高组织的应对能力，减少损失，增强客户信任度。

建立应急响应与恢复计划的步骤：

风险识别与评估，需要对智能物流系统中可能面临的风险进行识别和评估。这包括分析历史数据、预测潜在风险、评估风险的影响和可能性等。通过风险识别与评估，可以为制订应急响应与恢复计划提供基础数据和支持。

制订应急响应计划，根据风险识别与评估的结果，制订具体的应急响应计划。这包括明确应急响应的组织架构、人员职责、响应流程、资源保障等。还需要制订针对不同类型事件的应急响应预案，确保在突发事件发生时能够迅速启动并有效应对。

应急演练与测试，为了确保应急响应计划的可行性和有效性，需要定期进行应急演练和测试。通过模拟真实场景下的应急响应过程，检验应急响应计划的执行情况和效果，发现存在的问题和不足，并及时进行改进和优化。

制订恢复计划，在应急响应计划的基础上，制订恢复计划。恢复计划旨在尽快恢复物流系统的正常运行，减少损失和影响。这包括明确恢复目标、制定恢复策略、调配资源、修复受损设施等。还需要制订长期的恢复计划，以确保物流系统能够长期稳定地运行。

持续改进与优化，应急响应与恢复计划是一个持续改进和优化的过程。随着智能物流系统的不断发展和变化，以及新的风险和挑战的出现，需要对应急响应与恢复计划进行定期评估和更新。通过收集和分析数据、总结经验教训、引入新技术和方法等方式，不断完善和优化应急响应与恢复计划，提高物流系统的稳定性和可靠性。

应急响应与恢复计划需要明确组织架构和人员职责，确保在突发事件发生时能够迅速启动并有效应对。组织架构应清晰明了，人员职责应明确具体，确保各个部门和人员能够协同配合、快速响应。需要制定完善的响应流程和预案，确保在突发事件发生时能够按照既定的流程和预案进行应对。响应流程应清晰明了、易于操作，预案应全面、具体、针对性强。确保在突发事件发生时能够有足够的人、物、财的资源保障，确保在应对突发事件时能够迅速调配资源、有效应对。需要建立有效的信息沟通和协调机制，确保在突发事件发生时能够及时准确地传递信息、协调各部门和人员的工作。包括建立信息沟通渠道、制定信息报告制度、建立协调机制等。

（三）加强人员培训与安全意识教育

智能物流以信息技术为核心，通过自动化、智能化手段实现物流信息的快速处理、智能决策和高效协同。其智能物流实现了物流信息的实时共享和快速处理，要求从业人员具备较高的信息素养和数据处理能力。智能物流广泛应用自动化设备和技术，减少了人工操作，提高了工作效率。但这也要求从业人员具备相应的操作技能和维护能力。智能物流通过大数据分析和云计算等技术，实现物流决策的智能化。要求从业人员具备数据分析和决策能力。智能物流需要各个环节之间紧密协作，要求从业人员具备良好的沟通能力和团队协作精神。

智能物流从业人员需要具备信息技术应用能力，掌握基本的计算机操作、数据处理和网络通信等技能。自动化设备操作能力，熟悉自动化设备的操作和维护流程，能够独立完成设备操作和维护工作。数据分析能力，具备数据分析和处理的能力，能够根据数据结果做出合理的决策。沟通协调能力，具备良好的沟通能力和团队协作精神，能够与各个环节的人员有效沟通协作。

加强人员培训与安全意识教育极其必要，要提高从业人员的能力水平，通过培训和教育，提高从业人员的信息技术应用能力、自动化设备操作能力、数据分析能力和沟通协调能力等，使其更好地适应智能物流的发展需求。要保障物流系统安全稳定运行，安全意识教育能够增强从业人员的安全意识，使其在工作中严格遵守安全规定和操作流程，降低事故发生的概率，保障物流系统的安全稳定运行。

加强人员培训与安全意识教育能够提订企业的整体素质和竞争力，使企业在激烈的市场竞争中脱颖而出。

我们应该从制订培训计划、开展多形式培训、注重实践操作、加强安个意识教育和建立培训效果评估机制等方面入手，全面提高从业人员的素质和能力水平，为智能物流的健康发展提供有力保障。要制订培训计划，根据智能物流的特点和从业人员的实际需求，制订详细的培训计划。培训计划应包括培训内容、培训方式、培训时间和培训效果评估等方面。开展多形式培训，采用线上线下相结合的方式开展培训。线上培训可以通过网络平台进行远程教学，线下培训可以组织集中授课、现场操作演示等形式。还可以邀请行业专家进行授课或开展交流活动，增强培训效果。注重实践操作，在培训过程中注重实践操作环节，让从业人员亲自动手操作设备、处理数据等，加深其对理论知识的理解和掌握程度。还可以组织模拟演练等活动，提高从业人员的应急处理能力。加强安全意识教育，在培训过程中加强安全意识教育，让从业人员深刻认识到安全的重要性。可以通过案例分析、安全知识竞赛等形式提高从业人员的安全意识水平。还要建立安全奖惩机制，对表现突出的个人或团队进行表彰奖励，对违反安全规定的个人或团队进行惩罚。建立培训效果评估机制，对培训效果进行定期评估，了解从业人员的培训成果和存在的问题。根据评估结果及时调整培训计划和方法，确保培训效果的最大化。

以某智能物流公司为例，该公司通过加强人员培训与安全意识教育取得了显著成效。该公司制高了详细的培训计划，采用线上线下相结合的方式开展培训，注重实践操作环节和安全意识教育。该公司还建立了培训效果评估机制，对培训成果进行定期评估和调整。经过一段时间的培训和教育，该公司从业人员的能力水平得到了显著提高，物流系统的安全稳定运行得到了有效保障。客户满意度和企业竞争力也得到了显著提高。

三、技术与管理层面的风险防范

（一）采用先进的安全技术保护数据与通信

数据与通信的安全性在智能物流中关系到物流运作的顺畅、客户信息的保密以及企业核心竞争力的维护。为了保障这些关键要素的安全，智能物流系统采用了多种先进的技术手段来保护数据与通信。

1.数据加密技术

通过使用加密算法，将数据转换为不可读的密文形式，防止未经授权的访问，杜绝泄漏。智能物流系统广泛应用了SSL/TLS协议等加密技术，对在传输过程中的敏感信息进行加密，确保信息在传输过程中的机密性和完整性。

2.防火墙技术

防火墙是智能物流系统中的第一道防线，用于监控和控制网络流量，阻止未经授权的访问。防火墙使用预先配置的规则来检查所有进出网络的数据包，有效地阻止恶意软件和其他未经授权的流量连接到网络上的设备。智能物流系统通过部署防火墙，能够显著降低网络攻击和数据泄漏的风险。

3.入侵检测与防御系统（IDS/IPS）

IDS用于监测网络流量和系统活动，以便及时识别潜在的安全威胁。而IPS则可以主动阻止或防御这些威胁。智能物流系统通过集成IDS/IPS技术，能够实时监测网络状态，发现异常流量和潜在攻击行为，并采取相应的措施进行防御和应对。

4.身份认证与访问控制

智能物流系统通过身份认证和访问控制技术，确保只有经过授权的用户才能访问系统数据和资源。身份认证涉及验证用户身份的过程，如密码、证书、生物识别等。而访问控制则根据用户的身份和权限，限制其对系统资源的访问和操作。这些技术能够防止未经授权的访问和误操作，保障系统数据和通信的安全。

5.数据备份与恢复

为了应对可能的数据丢失和灾难性事件，智能物流系统实施了数据备份和恢复策略。通过定期备份系统数据和通信记录，确保在发生意外情况时能够迅速恢复数据和通信功能。智能物流系统还配备了灾难恢复计划，以应对自然灾害、人为破坏等不可抗力因素导致的系统瘫痪和数据丢失。

6.其他安全技术

除了上述几种主要的安全技术外，智能物流系统还采用了其他多种技术手段来保护数据与通信。例如，数据屏蔽技术可以隐藏敏感信息以防止未经授权的访问；基于硬件的安全性技术可以通过硬件加密和身份验证来增强系统的安全性；数据擦除技术可以在数据不再需要时彻底删除以防止泄漏。

（二）定期进行安全审计与漏洞扫描

安全审计是一种系统性的评估方法，用于检查智能物流系统的安全性、完整性和可靠性。通过安全审计，可以及时发现系统中的潜在风险，并采取相应的措施进行防范。许多国家和地区都制定了严格的数据保护和隐私法规。通过安全审计，可以确保智能物流系统符合相关法规的要求，避免因违反法规而面临的法律风险。安全审计可以向客户展示智能物流系统的安全性，提高客户对系统的信任度。这对于吸引新客户和保留现有客户具有重要意义。

漏洞扫描是一种自动化的检测方法，用于发现智能物流系统中的潜在漏洞。这些漏洞可能被恶意攻击者利用，对系统造成损害。通过漏洞扫描，可以及时发现并修复这些漏洞，提高系统的安全性。漏洞扫描可以对智能物流系统的安全性进行全面评估。通过扫描结果，可以了解系统的安全状况，并制定相应的安全策略。随着网络攻击手段的不断演进，新的威胁和挑战不断涌现。通过定期进行漏洞扫描，可以及时发现并应对这些新兴威胁，确保系统的持续安全性。

实施安全审计与漏洞扫描的步骤如下：

制订审计计划：根据智能物流系统的实际情况，制订详细的安全审计计划。明确审计的目标、范围、方法和时间表。

收集信息：收集与智能物流系统相关的所有信息，包括系统架构、数据流程、安全策略等。这些信息是进行安全审计和漏洞扫描的基础。

进行安全审计：按照审计计划，对智能物流系统进行全面的安全审计。检查系统的安全性、完整性和可靠性，并评估系统是否符合相关法规的要求。

进行漏洞扫描：使用专业的漏洞扫描工具对智能物流系统进行扫描。根据扫描结果，发现系统中的潜在漏洞，并制定相应的修复措施。

编制审计报告：将安全审计和漏洞扫描的结果编制成详细的审计报告。报告中应包含审计发现、建议的修复措施以及改进建议等内容。

整改与跟进：根据审计报告中的建议，对智能物流系统进行整改。建立定期的安全审计和漏洞扫描机制，确保系统的持续安全性。

（三）严格管理物联网设备的接入与权限

物联网设备在智能物流中的应用越来越广泛，从仓库管理、运输监控到订单跟踪。如何严格管理这些设备的接入与权限，确保物流系统的安全性和稳定性，成为智能物流领域亟待解决的问题。在智能物流系统中，物联网设备是实现信息感知、数据传输和智能决策的基础。但由于物联网设备数量庞大、种类繁多，且一般部署在复杂的网络环境中，因此其接入与权限管理显得尤为重要。

严格管理物联网设备的接入可以确保物流系统的安全性。未经授权的设备接入可能导致系统被恶意攻击、数据泄漏等安全风险。通过制定严格的接入管理策略，可以确保只有经过认证和授权的设备才能接入系统，从而有效防止非法设备的入侵。合理的权限管理可以保障物流系统的稳定性和正常运行。在智能物流系统中，不同的物联网设备可能需要访问不同的数据资源或执行不同的操作。通过为设备分配适当的权限，可以确保设备在系统中的行为符合预设的规则和流程，避免因权限不当导致的系统崩溃或数据损坏等问题。严格管理物联网设备的接入与权限还有助于提高物流系统的可维护性和可扩展性。当设备出现故障或需要升级时，通过合理的权限管理可以方便地进行远程操作和维护；随着物流业务的发展，可能需要添加新的物联网设备或扩展系统的功能。通过制定灵活的接入管理策略，可以方便地实现设备的添加和系统的扩展。

物联网设备接入与权限管理在智能物流中仍面临诸多挑战。物联网设备的异构性和多样性给接入管理带来了困难。智能物流系统中可能涉及多种类型的物联网设备，如传感器、RFID标签、智能车辆等。这些设备在通信协议、数据格式、功能特性等方面存在差异，使得统一的接入管理变得复杂。物联网设备的动态性和移动性增加了权限管理的难度。在智能物流系统中，物联网设备需要在不同的地理位置和环境中移动和变化。这要求权限管理策略能够实时地适应设备的变化，确保设备在移动过程中仍能保持适当的权限。物联网设备的安全性和隐私保护也是接入与权限管理面临的挑战之一。由于物联网设备通常部署在开放的网络环境中，容易受到恶意攻击和非法访问的威胁。因此，在接入与权限管理过程中需要充分考虑设备的安全性和隐私保护问题，确保设备数据的安全性和完整性。

针对物联网设备接入与权限管理面临的挑战，我们可以从以下几个方面提出解决方案：

第一，制定统一的接入管理策略。根据智能物流系统的特点和需求，制定统一的接入管理策略。该策略应明确设备的接入条件、认证方式、访问控制等要求，确保只有符合要求的设备才能接入系统。

第二，建立动态权限管理机制。针对物联网设备的动态性和移动性，建立动态权限管理机制。该机制可以根据设备的状态、位置等信息实时调整设备的权限，确保设备在移动过程中仍能保持适当的权限。

第三，加强设备安全性和隐私保护。在接入与权限管理过程中，应充分考虑设备的安全性和隐私保护问题。采用加密传输、访问控制等安全技术措施，确保设备数据的安全性和完整性；制定严格的隐私保护政策，明确设备数据的收集、存储和使用规范，防止数据泄漏和滥用。

第四，建立完善的监控和日志审计机制。在智能物流系统中建立完善的监控和日志审计机制，对物联网设备的接入和权限使用情况进行实时监控和记录。通过监控和日志审计可以发现异常行为和潜在风险，及时采取措施进行防范和处置。

第五，加强人员培训和管理。在物联网设备接入与权限管理过程中，人员的素质和能力也是关键因素之一。应加强对相关人员的培训和管理，提高其安全意识和操作技能水平，确保接入与权限管理工作的有效实施。

第八章 环境可持续性与未来展望

智能物流，是物流行业的新趋势，以其智能化、网络化、自动化和可视化的特点，正逐渐成为提高物流效率、降低物流成本、实现可持续发展的关键。

智能物流的可持续性体现在多个方面。通过大数据和人工智能技术的应用，智能物流系统能够实时追踪货物的运输状态，优化物流路径，减少无效运输和空驶，从而降低能源消耗和碳排放。物联网技术的应用使得物流设备能够实时反馈运行状态，实现精准维护和保养，延长设备使用寿命，减少资源浪费。智能物流还推动了绿色包装和绿色运输的发展，通过使用可循环、可降解的包装材料和节能环保的运输工具，减少物流过程中对环境的污染。

智能物流在可持续性方面的优势不仅体现在节能减排上，还体现在对社会经济的贡献上。通过提高物流效率，智能物流有助于降低企业的运营成本，提高市场竞争力。智能物流还能够促进产业链的协同发展和资源共享，推动整个经济体系的可持续发展。

智能物流将继续保持快速发展的态势。随着物联网、大数据、人工智能等技术的不断进步和应用，智能物流将实现更加智能化、自动化的管理和服务。例如，无人驾驶货车、无人机配送等新型物流方式将得到广泛应用，进一步提高物流效率和服务质量。智能物流将更加注重环保和可持续发展。在未来，绿色物流将成为智能物流的重要组成部分。通过采用更加环保的包装材料、运输工具和节能技术，智能物流将不断降低对环境的影响，实现更加绿色、低碳的物流方式。智能物流还将与跨境电商、共享经济等新兴产业深度融合，推动全球贸易的便利化和高效化。随着全球贸易的不断发展，智能物流将扮演更加重要的角色，为全球贸易提供更加便捷、高效的物流服务。

智能物流具有广阔的市场前景和发展潜力。随着技术的不断进步和应用，智能物流将实现更加智能化、自动化的管理和服务，为物流行业的可持续发展和全球贸易的便利化做出更大的贡献。

物联网技术对物流环境可持续性的影响

在当今社会，环境可持续性已成为全球关注的焦点，物流行业是经济发展的重要支柱，其环境可持续性尤为重要。物流活动涉及大量的能源消耗、碳排放和资源利用，对环境的影响不容忽视。物流行业对环境的影响主要体现在能源消耗、碳排放和废弃物产生等方面。传统的物流模式依赖大量的能源消耗和大量使用化石燃料，导致温室气体排放增加，加剧气候变化。物流过程中产生的废弃物也对环境造成了一定的污染。物流行业必须认识到其对环境可持续性的影响，并采取措施降低这些影响。物流行业在减少污染、节约资源等方面具有巨大的潜力。通过优化物流网络布局和运输方式，可以减少能源消耗和碳排放。例如，采用多式联运、共享配送等模式，可以提高运输效率，降低能源消耗。通过推广绿色包装和可循环使用的物流设备，可以减少废弃物产生和资源浪费。此外，利用物联网、大数据等先进技术，可以实现物流过程的智能化管理，进一步提高物流效率，降低环境影响。物联网技术是现代信息技术的代表，为物流行业的绿色发展提供了有力支持。物联网技术通过传感器、云计算等技术手段，实现了对物流过程的实时监控和数据分析。物联网技术可以实时监控货物的运输状态、温度、湿度等信息，并通过数据分析，优化运输路线和配送计划，降低能源消耗和碳排放。通过RFID、传感器等技术手段，实时掌握库存量、货物位置等信息，提高仓储效率，降低仓储成本，实现仓库的智能化管理。物联网技术可以实现对供应链的全程跟踪和数据分析，推动供应链的优化和绿色转型。通过与供应商、客户等合作伙伴的协同合作，共同推动绿色供应链的发展。

物联网技术在促进物流环境可持续性方面具有巨大的潜力。物联网技术可以提高物流效率，降低能源消耗和碳排放。通过实时监控和数据分析，物联网技术可以优化运输路线和配送计划，减少无效运输和空驶现象。物联网技术可以推动绿色包装和可循环使用的物流设备的应用。通过物联网技术的支持，物流企业可以更加便捷地追踪和管理包装材料和物流设备的使用情况，推动绿色包装和可循环使用的物流设备的普及。物联网技术可以加强物流行业的环境监管和治理。通过物联网技术的支持，政府部门可以更加便捷地获取物流行业的环境数据和信息，加强对物流行业的环境监管和治理力度。

物流行业必须积极采取措施推动环境可持续性的发展，并充分利用物联网等先进技术为物流行业的绿色发展提供有力支持。

一、物联网技术对资源利用的优化

（一）实时监控与数据分析提升物流效率

为了满足消费者日益增长的需求，提高物流效率、降低运营成本成为行业内的共识。

通过实时监控技术，物流公司可以实时掌握运输车辆的位置、速度、行驶轨迹等信息，确保货物按时、安全地送达目的地。数据分析技术可以对运输过程中的数据进行深入挖掘，发现运输路线、运输时间等方面的优化空间，提高运输效率。实时监控技术可以实时记录仓库内货物的入库、出库、库存等信息，确保仓库管理的准确性和及时性。数据分析技术可以对仓库数据进行统计分析，预测库存需求、优化库存结构、降低库存成本。实时监控技术可以实时跟踪配送员的位置、配送进度等信息，确保配送员能够按时、准确地完成配送任务。数据分析技术可以对配送数据进行分析，发现配送过程中的“瓶颈”和问题，提出改进措施，提高配送效率。实时监控技术可以为客户提供实时的物流信息查询服务，让客户随时了解货物的位置和状态。数据分析技术可以对客户反馈的数据进行分析，了解客户需求和满意度，为提高客户服务质量提供科学依据。

实时监控技术可以实时掌握物流过程中的各个环节信息，使管理人员能够及时了解问题并进行处理。数据分析技术可以对物流数据进行深入挖掘和分析，为管理决策提供科学依据，提高管理效率。可以优化运输路线、降低运输成本；数据分析技术可以预测库存需求、降低库存成本。这些技术的应用有助于降低物流公司的运营成本，提高盈利能力。可以为客户提供实时的物流信息查询服务，提高客户满意度；数据分析技术可以了解客户需求和满意度，为提高客户服务质量提供科学依据。这些技术的应用有助于提升物流公司的客户满意度和品牌形象。

（二）减少空驶和重复运输，降低能源消耗

在当今的物流行业中，提高运输效率、降低能源消耗是一个亟待解决的问题。物联网技术通过安装在车辆、货物上的传感器和定位设备，可以实时收集并传输车辆位置、速度、行驶轨迹、货物状态等信息。物流企业可以通过中央控制系统对这些信息进行实时监控和数据分析，了解货物的实时位置和状态，优化运输路线和配送计划，提高运输效率。可以根据实时数据和历史数据，对运输车辆进行智能调度和优化。例如，通过数据分析预测货物的需求量和运输时间，合理安排运输车辆和配送路线，避免车辆空驶和重复运输。物联网技术还可以根据交通状况、天气变化等因素，实时调整运输计划，确保货物能够按时、安全地送达目的地。物联网技术可以应用于仓库的货物管理，通过RFID、条形码等技术对货物进行标识和追踪。在货物入库、出库、盘点等环节中，物联网技术可以实时记录货物的位置、数量、状态等信息，提高仓储管理的效率和准确性，实现货物的实时追踪和追溯，确保货物的安全性和质量。

物联网技术可以实现物流企业内部各部门之间的信息共享和协同作业。通过实时数据共享和协同决策，物流企业可以及时了解货物的需求和运输情况，合理安排运输车辆和配送路线，避免车辆空驶和重复运输。物联网技术还可以实现与其他物流企业的信息共享和协同作业，提高整个物流行业的运输效率。通过数据分析对货物的需求量和运输时间进行预测性分析。根据预测结果，物流企业可以提前安排运输车辆和配送路线，确保货物能够按时送达。物联网技术还可以根据实时数据和历史数据对运输路线进行优化决策，选择最优的运输路线和配送方案，减少空驶和重复运输。提高运输效率，当运输效率提高时，车辆的运行时间减少，能源消耗也随之降低。物联网技术通过信息共享和预测性分析，可以避免车辆空驶和重复运输。当空驶和重复

运输减少时，车辆的能源消耗也会相应减少。物联网技术通过智能仓储管理系统可以实现对货物的实时追踪和追溯，减少因货物丢失或损坏而导致的重复运输和能源消耗。智能仓储管理系统还可以优化货物的存储位置和存储方式，提高仓库的存储效率和利用率，降低能源消耗。

（三）优化仓储空间利用，减少资源浪费

传统的仓储管理方式存在空间利用率低、资源浪费严重等问题。物联网技术通过安装在货架、货物上的传感器和RFID标签，可以实时收集货物的位置、数量、状态等信息，并传输到中央控制系统。仓库管理人员可以实时掌握库存情况，及时调整库存策略，避免库存积压和缺货现象的发生。基于物联网技术的智能仓储规划系统可以根据货物的种类、数量、尺寸等信息，自动计算并规划出最优的货物摆放位置和存储方式。这不仅可以提高仓库的空间利用率，还可以方便货物的快速查找和出库。物联网技术可以与自动化搬运设备（如AGV小车、无人叉车等）和分拣系统相结合，实现货物的自动化搬运和分拣。这不仅可以提高搬运和分拣的效率和准确性，还能减少人力成本，降低人为错误率。通过数据分析预测货物的需求和运输时间，提前做出预警和调整。当某个区域的库存量达到预警值时，系统可以自动触发补货或调货操作，确保仓库的库存始终处于一个合理的水平。

物联网技术通过实时收集和分析货物的数据，可以为仓储空间规划提供准确、及时的信息支持。系统可以根据货物的种类、数量、尺寸等信息，自动计算出最优的货物摆放位置和存储方式，从而最大限度地提高仓库的空间利用率。实时监控仓库的库存情况和空间利用情况，一旦发现某个区域的库存量过高或空间利用率过低，系统可以自动触发调整操作，如重新规划货物摆放位置、调整货架高度等，以确保仓库的空间始终得到充分利用。通过数据分析为仓库管理人员提供智能化的决策支持。系统可以根据历史数据和实时数据预测货物的需求和运输时间，为管理人员提供合理的库存策略和补货计划。系统还可以根据货物的属性和存储需求，为管理人员提供最优的货物摆放位置和存储方式建议。

物联网技术的应用可以显著提高仓库的空间利用率。通过数据驱动的空间规划和实时动态调整，系统可以确保货物的摆放位置和存储方式始终处于最优状态，从而最大限度地提高仓库的空间利用率。实时监控库存情况，避免库存积压和缺货现象的发生。系统还可以根据货物的需求和运输时间预

测，提前做出补货或调货操作，确保仓库的库存始终处于一个合理的水平。这不仅可以降低库存成本，还可以提高资金的周转率。实现货物的自动化搬运和分拣，降低人力成本。系统还可以为管理人员提供智能化的决策支持，减少人为错误率，提高工作效率。优化货物的存储和出库流程，提高货物的出库速度和准确性。这不仅可以提高客户满意度，还可以增强企业的市场竞争力。

二、物联网技术在减少环境污染中的应用

（一）智能路径规划和调度减少碳排放

在全球气候变化的严峻挑战下，减少碳排放已成为各行各业共同关注的焦点。物流行业是能源消耗和碳排放的重要领域，其绿色转型和低碳发展尤为重要。近年来，随着物联网、大数据、人工智能等技术的飞速发展，物流智能路径规划和调度技术应运而生，为物流行业的低碳发展提供了新的解决方案。

物流智能路径规划和调度是指利用物联网、大数据、人工智能等先进技术，对物流运输过程中的车辆、货物、路线等进行智能化管理和优化。通过对物流信息的实时收集、传输、分析和处理，系统能够自动规划出最优的运输路径和调度方案，以提高物流运输效率，降低能源消耗和碳排放。

物流智能路径规划和调度系统能够根据实时交通信息、货物信息、车辆信息等数据，自动计算出最优的运输路径。通过避开拥堵路段、选择最短路径等方式，系统能够显著减少车辆行驶距离和时间，从而降低能源消耗和碳排放。系统能够根据货物的需求、车辆的状态、驾驶员的工作时间等因素，精准调度车辆进行运输。通过合理安排车辆的运行时间和路线，系统能够避免车辆空驶和重复运输，降低能源消耗和碳排放。实时监控车辆的运行状态、货物的位置和状态等信息。通过及时发现和处理异常情况，系统能够确保物流运输的顺利进行，减少因事故或延误等原因造成的能源消耗和碳排放。

智能物流信息平台是物流智能路径规划和调度的基础。平台应能够实时收集、传输、存储和处理各种物流信息，为智能路径规划和调度提供数据支持。需要借助先进的算法和技术来实现。例如，可以利用机器学习算法对历史数据进行分析，预测未来的物流需求；利用大数据分析技术对实时数据进

行处理，优化运输路径和调度方案；利用物联网技术对车辆、货物进行实时监控和管理等。需要专业的技术人才来实施。企业应加强人才培养和团队建设，培养一支具备物联网、大数据、人工智能等先进技术能力的专业团队，为物流智能路径规划和调度的实施提供有力保障。积极寻求与科研机构、高校、其他企业等的合作，共同推动物流智能路径规划和调度技术的发展和应用。

物流智能路径规划和调度减少碳排放，通过物流智能路径规划和调度技术的应用，企业能够优化运输路径和调度方案，降低车辆行驶距离和时间，从而降低能源消耗。随着能源消耗的降低，物流智能路径规划和调度技术还能够显著减少碳排放。通过优化运输路径和精准调度车辆，企业能够减少车辆空驶和重复运输现象，降低车辆运行过程中的碳排放量。物流智能路径规划和调度技术能够实时收集、传输和处理物流信息，为企业提供准确、及时的决策支持。通过优化运输路线和调度方案，企业能够确保物流运输的顺利进行，提高物流运输效率。这不仅可以降低企业的运营成本，还能够提高客户满意度和市场竞争力。通过减少能源消耗和碳排放量，企业能够为环保事业作出贡献，推动绿色物流的发展。这也符合国家政策和社会发展趋势的要求，有助于企业在激烈的市场竞争中脱颖而出。相关数据显示，物流智能路径规划和调度技术的应用可以使运输车辆的行驶距离缩短10%以上，燃油消耗降低8%以上，尾气排放减少20%以上。

（二）绿色包装和回收系统的完善

绿色包装和回收系统是物流绿色化的重要环节，可以减少资源浪费、降低环境污染。近年来，随着环保意识的提高和政策的推动，物流绿色包装得到了快速发展。越来越多的企业开始采用可降解、可回收的环保材料作为包装材料，以减少对环境的污染。一些先进的包装技术和设计也得到了广泛应用，如轻量化设计、智能化包装等，进一步提高了包装的效率和环保性。但就目前来看，物流绿色包装仍然面临一些挑战。环保材料的成本相对较高，导致一些企业难以承受。消费者对环保包装的认知和接受程度有待提高。一些传统的包装材料和方式仍然存在，难以完全替代。另外，绿色包装技术的研发和推广需要更多的投入和支持。

物流回收系统是物流绿色化的重要环节之一，近年来也得到了快速发展。许多企业开始建立自己的回收体系，对废旧包装进行分类、回收和处理。政府也出台了一系列政策和措施，鼓励和支持回收行业的发展。这些措施包括设立回收站、提供回收补贴等。但是，目前回收体系的覆盖范围是不够的，一些偏远地区的回收设施还不完善。回收行业的利润空间降低，导致一些企业缺乏投资动力。消费者的回收意识有待提高，部分消费者仍然存在乱丢乱弃的现象。回收技术的研发和推广需要更多的投入和支持。

为了进一步完善物流绿色包装和回收系统，要推动技术创新和研发，技术创新是推动物流绿色包装和回收系统发展的关键。企业应加大在环保包装材料和回收技术方面的研发力度，不断推出更加环保、高效的包装材料和回收技术，如智能回收系统。智能回收系统是物联网技术在废弃物管理中的一项重要应用。该系统通过在公共场所、居民区等地设置智能回收箱或回收站点，结合传感器、RFID技术、GPS定位等技术手段，实现对废弃物的智能分类、收集和回收。智能回收系统的工作原理是通过传感器实时监测回收箱或回收站点的废弃物容量和种类，当废弃物达到预设的容量阈值或特定种类时，系统会自动发送信息给管理人员或回收车辆，通知其进行清理或回收。智能回收系统还可以对回收的废弃物进行称重、计数等数据处理，为后续的废弃物处理提供数据支持。

要完善回收体系和设施，回收体系和设施的完善是物流回收系统的重要基础。加大对回收设施和回收站点的投入和建设力度，确保回收体系的覆盖面和效率。企业也应积极参与回收体系的建设和运营，提高回收效率和环保效益。物联网技术的应用使得废弃物处理过程更加智能化和自动化。智能回收系统可以实时监测回收箱或回收站点的废弃物容量和种类，自动发送清理或回收信息，可减少人工巡检和清理的频率，提高废弃物处理的效率。垃圾分类监测系统可以实时监测废弃物的分类情况和处理过程，确保处理过程符合相关规定和标准，从而进一步提高废弃物处理的效率。

要加强环保宣传和教育，增强消费者的环保意识和参与度。提高消费者的参与度，要通过宣传和教育等方式增强消费者的环保意识和参与度，鼓励消费者积极参与绿色包装和回收活动。加大监管和执法力度，打击乱丢乱弃等违法行为，增强全社会的环保意识和责任感。

（三）监测和减少运输过程中的泄漏和污染

当前，物流运输过程中的泄漏和污染问题日益凸显，不仅对环境造成严重的负担，也给企业和社会造成了巨大的经济损失。物联网技术为监测和减少运输过程中的泄漏和污染提供了新的解决方案。物联网技术通过安装在运输车辆、容器和管道上的传感器，能够实时监测运输过程中的温度、压力、液位、振动等关键参数。一旦监测到异常情况，如泄漏、溢出等，传感器会立即将数据传输到中央控制系统。这种实时监测和数据传输的能力，使得企业能够迅速响应并采取有效措施，防止泄漏和污染的扩散。中央控制系统接收到传感器传输的数据后，会利用物联网的云计算和大数据分析技术，对数据进行处理和分析。通过对历史数据的挖掘和模型预测，系统能够提前发现潜在的泄漏和污染风险，并发出预警。这种智能分析和预警的能力，使得企业能够在泄漏和污染发生之前采取措施，降低事故发生的概率，减少损失。物联网技术还支持远程控制和管理功能。通过中央控制系统，企业可以远程监控运输过程中的各项参数，实时了解运输状态。企业还可以根据需要对运输车辆、容器和管道进行远程控制和调整，确保运输过程的安全和环保。

物联网技术可以加强技术研发与创新、完善监测网络和设施、加强人员培训和管理。物联网技术在监测和减少泄漏和污染方面的应用，需要强大的技术支持和创新。企业应加强技术研发和创新，不断推出更加先进、高效的物联网监测设备和系统。企业还应积极与科研机构、高校等合作，共同推动物联网技术的发展和应用。为了实现对运输过程的全面监测和管理，企业需要建立完善的监测网络和设施。这包括在运输车辆、容器和管道上安装传感器、建设数据传输网络、建立中央控制系统等。企业还应根据实际需要，不断扩展和完善监测网络和设施，提高监测的覆盖率和准确性。物联网技术的应用需要专业的人员进行操作和管理。企业应加强人员培训和管理，提高员工的技能和素质。这包括培训员工掌握物联网技术的原理和操作方法、建立专业的监测和管理团队、制定完善的操作和管理规程等。通过加强人员培训和管理，企业可以确保物联网技术的有效应用和管理。

物联网技术的应用可以实时监测运输过程中的各项参数，及时发现潜在的泄漏和污染风险，并发出预警。一旦泄漏和污染事故发生，物联网技术可以迅速将数据传输到中央控制系统，并启动应急响应机制。企业可以根据实际情况采取紧急措施，如关闭阀门、启动应急泵等，以减少泄漏和污染的扩散。这种快速响应和处置的能力，可以最大限度地减少事故对环境和社会的影响。物联网技术的应用还可以降低企业的运营成本。通过实时监测和管理运输过程，企业可以及时发现并解决潜在的问题，减少设备故障和降低维修成本，提高运输效率和管理水平，降低人力成本和能源消耗。

未来智能物流发展的趋势与可能的挑战

物流行业作为连接生产、消费的重要纽带，其地位和作用日益凸显。而在这一过程中，智能物流凭借其先进的技术和高效的管理手段，逐渐成了物流行业的核心力量。智能物流通过应用物联网、大数据、云计算等现代信息技术，实现对物流信息的实时跟踪、处理和优化，从而提高了物流运作的效率和准确性。这不仅能够缩短货物的运输时间，降低库存成本，还能够提高客户满意度。智能物流通过优化运输路线、减少无效运输、提高仓储利用率等方式，有效降低了物流成本。智能物流还能够实现精准的市场预测和库存管理，避免了因库存积压或缺货造成的经济损失。

智能物流的发展不仅促进了物流行业的转型升级，还带动了相关产业的发展。例如，物联网、大数据等技术的应用不仅推动了物流行业的智能化发展，还为制造业、零售业等相关行业提供了更加高效、便捷的物流服务。物联网、大数据、云计算等技术的不断发展，为智能物流的发展提供了强大的技术支撑。这些技术的应用使得物流信息的采集、处理、传输和分析变得更加高效、准确，为智能物流的发展提供了广阔的空间。智能物流以其高效、便捷、精准的服务特点，逐渐成为市场上的主流选择。随着电子商务的快速发展，智能物流也成了支撑电子商务发展的重要基础设施。

各国政府对于智能物流的发展给予了高度重视和支持。政府通过出台相关政策、投入资金等方式，鼓励物流企业加大对于智能物流技术的研发和应用力度，推动智能物流的快速发展。传统的物流行业面临着转型升级的压力。智能物流是现在物流行业转型升级的重要方向之一，得到了广泛的关注和重视。随着制造业、零售业等相关行业的转型升级，对于物流服务的需求也在不断提高，这为智能物流的发展提供了广阔的市场空间。智能物流在未来物流行业中具有核心引领地位，其对提高物流效率、降低成本等方面具有重要作用。随着技术进步、市场需求、政策扶持和产业转型等因素的推动，智能物流的发展前景十分广阔。物流企业应该积极采用先进的智能物流技术，加大对智能物流的投入和研发力度，以应对市场挑战并实现可持续发展。

一、未来智能物流的发展趋势

（一）物联网技术的进一步融合与应用

物联网技术已成为推动社会进步的重要力量。从智能家居到智慧城市，从工业自动化到农业精准管理，物联网技术的融合与应用正逐渐渗透到人们生活的每一个角落。未来物联网技术的发展将不再局限于单一领域，而是呈现出跨领域、跨行业的融合趋势。例如，物联网技术与人工智能、大数据、云计算等技术的结合，将实现更高效的数据处理、更智能的决策支持和更精准的服务。这种跨领域技术的融合将推动物联网技术在各个行业中实现更深入的应用。物联网技术的发展将更加注重标准化建设，推动不同设备、系统之间的无缝连接和数据共享。这将有助于提高物联网技术的整体性能和效率，降低开发和运营成本。但是，物联网技术的广泛应用也带来了安全和隐私保护方面的挑战。物联网技术的发展必须将更加注重安全性和隐私保护，采用更先进的安全技术和加密算法，确保数据在传输、存储和处理过程中的安全性和隐私性。人们应通过各种技术加强对物联网设备和系统的安全监控和风险评估，及时发现和应对潜在的安全威胁。

未来，智能家居将提供更智能化、个性化的服务。例如，通过智能家电、智能照明等设备，用户可以根据个人需求自定义家庭环境；通过智能安防系统，用户可以实时监测家庭安全状况并接收预警信息。智能家居还将与智慧城市、智慧医疗等领域实现深度融合，为用户提供更加便捷、舒适的生活体验。智慧城市将实现更智能化、精细化的管理。通过物联网技术，城市管理者可以实时监测城市的交通、环保、公共安全等状况，并采取相应的措施进行管理和调控。例如，智能交通系统可以根据实时交通状况优化交通流量；智能环保系统可以实时监测空气质量和水质状况并采取相应的治理措施。智慧城市还将推动政府、企业和居民之间的信息共享和协同合作，提高城市的整体运行效率和居民的生活质量。工业自动化将实现更智能化、柔性化的生产。通过物联网技术，企业可以实时监测生产设备的运行状态和产品质量，实现预测性维护和质量控制。物联网技术还可以实现生产过程的自动化和智能化控制，提高生产效率和降低生产成本。此外，工业自动化还将推动制造业向数字化、网络化、智能化方向发展，促进产业升级和转型。农业精准管理将实现更智能化、精细化的管理。通过物联网技术，农民可以实时监测土壤、气候、作物生长等状况，并采取相应的措施进行管理和调控。例如，通过智能灌溉系统实现精准灌溉；通过智能施肥系统实现精准施肥。农业精准管理还可以实现农产品的追溯和质量控制，提高农产品的品质和安全性。

物联网技术的广泛应用将推动各个行业的数字化转型和智能化升级，促进经济增长和创新发展。物联网技术还将带动相关产业的发展，如传感器制造、云计算、大数据等领域，形成更加完整的产业链和生态系统。将使得人们的生活更加便捷、舒适和智能化。从智能家居到智慧城市，从工业自动化到农业精准管理，物联网技术将为人们提供更加智能化、个性化的服务体验。物联网技术还将推动医疗、教育等领域的创新和发展，提高人类的生活质量和福祉水平。

（二）人工智能与机器学习在物流优化中的作用

人工智能（AI）与机器学习这些先进技术不仅能够提高物流行业的效率和准确性，还将在自动化、智能化和个性化等方面实现更大的突破。未来，人工智能与机器学习将进一步提高智能仓储的自动化水平。通过深度学习和图像识别技术，AI系统能够更精确地识别、分类和存储货物，减少人为错误。自动化机器人和无人叉车等智能设备将实现更高效的货物搬运和库存管理，大幅提高仓库运作效率。在配送环节，AI系统能够实时分析交通状况、天气等因素，为配送员提供最优的配送路线和时间规划。无人机和自动驾驶车辆等智能配送设备将逐步普及，实现更加快速、准确的配送服务。人工智能与机器学习技术将通过对历史销售数据、市场趋势等信息的分析，为物流企业提供更准确的需求预测。这将有助于企业提前规划资源、优化库存和制订运输计划，降低库存积压和运输成本。机器学习算法能够根据实时交通数据、车辆状态等信息，为物流企业提供更优的运输路线规划。这将有助于减少运输时间、降低运输成本，并提高客户满意度。AI系统能够实时监控物流过程中的异常情况，如车辆故障、交通拥堵等，并自动调整运输计划或采取相应措施，确保物流过程的顺利进行。

通过人工智能与机器学习技术，物流企业能够更深入地了解客户的需求和偏好，为客户提供个性化的定制服务。例如，根据客户的购买历史和偏好，推荐合适的商品和配送方式。AI客服系统将能够处理大量的客户咨询和投诉，提供快速、准确的答复和解决方案。这将有助于提高客户满意度和忠诚度。

（三）自动化与无人化技术的广泛应用

智能物流自动化与无人化技术不仅提高了物流效率，降低了成本，还提高了客户体验，推动了物流行业的持续创新与发展。未来智能物流自动化与无人化技术的发展将更加注重技术创新和升级。随着物联网、大数据、云计算、人工智能等技术的不断发展，这些技术将更深入地与物流行业融合，推动物流自动化与无人化技术的不断升级和完善。例如，通过物联网技术实现物流设备的实时监控和智能调度，借助大数据分析优化物流路径和提高运输效率，利用人工智能技术实现自动化分拣和无人仓库等。标准化与互操作性的提高是未来智能物流自动化与无人化技术发展的重要方向。随着物流设备的多样化和复杂化发展，如何实现不同设备之间的互联互通和数据共享成了一个亟待解决的问题。物流行业将更加注重标准化建设，推动不同设备、系统之间的无缝连接和数据共享，这将有助于提高物流设备的整体性能和效率，降低开发和运营成本。物流行业将采取更加先进的安全技术和加密算法，确保数据在传输、存储和处理过程中的安全性和隐私性。加强对物流设备和系统的安全监控和风险评估，及时发现和应对潜在的安全威胁。

自动化仓库管理是智能物流自动化与无人化技术的重要应用之一。通过引入智能机器人、自动叉车、自动堆高机等智能设备，实现货物的自动存储、取货和搬运。这不仅可以提高仓库的存储密度和容量，还可以降低人工成本，提高仓库的运作效率。数据显示，自动化仓库管理可以使仓库的存储能力提高30%以上，运作效率提高50%以上。智能分拣与配送是智能物流自动化与无人化技术的另一重要应用。通过引入智能分拣系统、无人配送车等设备，实现货物的自动分拣和配送。这不仅可以提高分拣和配送的准确性和效率，还可以降低人工成本，提高客户满意度。以某电商平台为例，引入智能分拣系统后，分拣效率提高了50%，配送时间缩短了30%。无人驾驶运输是智能物流自动化与无人化技术的新兴应用领域。通过引入无人驾驶技术，实现物流车辆的自动驾驶和智能调度。这不仅可以降低人工成本，还可以提高运输的安全性和效率。据预测，到2030年，无人驾驶运输车辆将占物流运输车辆的30%以上。智能物流自动化与无人化技术还可以应用于供应链的协同与优化。通过引入物联网、大数据等技术，实现供应链的实时监控和数据分析。这可以帮助企业更好地掌握供应链的运作情况，及时发现和解决问题，提高供应链的协同性和效率，还可以根据数据分析结果完善供应链计划，降低库存和运输成本。

智能物流自动化与无人化技术的广泛应用将推动物流行业的升级和转型。通过引入先进的技术和设备，实现物流过程的自动化和智能化，提高物流效率和准确性。这将有助于物流行业更好地适应市场需求的变化，提高竞争力。将提高客户体验。通过提高物流效率和准确性，缩短配送时间，提高客户满意度。还可以提供更加智能化、个性化的服务体验，满足客户的多样化需求。将促进相关产业的发展。例如，智能机器人、自动叉车等智能设备的制造和销售将受益于此技术的广泛应用。还将带动物联网、大数据、云计算等相关产业的发展壮大。

（四）绿色物流理念的深入实践与政策推动

在全球气候变化和可持续发展的背景下，绿色物流越来越受到全球各国的重视。绿色物流不仅有助于提高物流行业的效率，降低运营成本，更重要的是它有助于减少环境污染，保护生态环境。绿色物流在物流过程中从保护环境及资源节约角度出发对物流体系进行改进，减少物流对环境造成污染的同时实现物流环境净化，进而使得物流资源得到充分利用。它涵盖了绿色仓储、绿色包装、绿色运输、绿色装卸等多个环节。随着物联网、大数据等技术的不断发展，绿色仓储得以实现智能化、信息化。通过引入智能仓储管理系统，实现货物的实时追踪、智能调度和库存优化，提高仓储效率。采用环保材料建设仓库，推广节能型仓储设备，减少能源消耗和废弃物排放。企业采用可降解、可循环使用的包装材料，减少包装废弃物的产生。优化包装设计，提高包装效率，降低包装成本。例如，某电商平台通过推广使用环保纸箱和可循环使用的包装袋，实现了绿色包装的实践。通过优化运输路线、提高运输效率、推广新能源车辆等方式，减少能源消耗和碳排放。例如，亚马孙使用电动货车进行配送，也取得了显著的减排效果。在装卸过程中，通过引入智能化设备和机器人，提高装卸效率，减少人力投入。优化装卸流程，减少装卸过程中的能源消耗和废弃物排放。

加强绿色物流标准体系建设，制定和完善绿色物流相关标准和技术规范。通过标准化建设，推动物流行业的绿色化、规范化和标准化发展。应加大对绿色物流技术研发和应用的支持力度，鼓励企业加强绿色物流技术的研发和创新。通过政策引导和市场机制，推动绿色物流技术的广泛应用和产业化发展。加强绿色物流人才培养和引进，建立绿色物流人才培养体系。通过培训、教育和引进等方式，培养一批具备绿色物流知识和技能的专业人才，为绿色物流的发展提供人才保障。

绿色物流将成为物流行业的主流趋势，越来越多的企业将采用绿色物流技术和管理方法，推动物流行业的绿色化转型。绿色物流将促进物流行业的创新发展。通过引入新技术、新方法和新模式，推动物流行业的转型升级和创新发展。绿色物流也将为物流行业带来新的市场机遇和增长点。绿色物流将有助于实现“双碳”减排的目标。通过减少能源消耗和碳排放，降低物流行业的碳排放强度，为实现碳达峰和碳中和目标做出积极贡献。

二、未来智能物流发展面临的挑战

（一）数据安全与隐私保护的风险增加

在智能物流系统中，大量数据被采集、传输和分析，包括客户信息、货物信息、运输路线等敏感数据。这些数据的泄漏或被滥用将带来严重的隐私保护问题，甚至可能引发商业机密泄漏和法律责任。智能物流系统每天都会产生大量的数据，包括货物信息、客户信息、车辆信息、运输路径等。智能物流数据有多个来源，包括传感器、设备、系统和应用程序等，数据结构复杂且多样化，包含了大量的敏感信息，如客户信息、支付信息等，一旦泄漏将对个人隐私和企业安全造成严重影响。

智能物流数据安全与隐私保护的风险主要来源于技术风险，智能物流系统涉及的技术复杂，包括物联网、大数据、云计算、人工智能等。这些技术本身存在安全漏洞和隐私泄漏的风险。管理风险，智能物流系统的运营和管理需要多个部门协作，如数据收集、存储、传输、处理等。如果管理不善，容易出现数据泄漏和滥用等问题。人为风险，员工的不当操作、内部恶意行为以及外部黑客攻击等人为因素也是智能物流数据安全与隐私保护的重要风险来源。

智能物流数据安全与隐私保护的风险将对企业和社会造成严重影响，数据泄漏和滥用将导致企业面临巨大的经济损失，包括客户信任度下降、市场份额减少、面临法律诉讼等。数据泄漏将严重影响企业的声誉和形象，降低客户对企业的信任度和忠诚度。数据泄漏和滥用将使企业面临法律风险，如被追究法律责任、遭受罚款等。随着物联网、大数据、云计算、人工智能等技术的不断发展，智能物流系统的技术复杂度将进一步增加，安全漏洞和隐私泄漏的风险也将随之加剧。数据量将持续增长。大量的数据需要更加严格的安全管理和隐私保护措施，否则将面临更大的风险。黑客攻击手段将不断升级，变得更加隐蔽和复杂。智能物流系统需要更加严密的安全防护和监测机制，以应对黑客攻击的风险。

（二）技术更新换代的成本与适应性难题

智能物流系统的发展依赖先进的技术支持，如物联网、大数据、人工智能等。这些技术的更新换代速度非常快，需要物流企业不断更新设备、软件和系统，以适应新的市场需求和技术发展。

智能物流技术的更新换代首先涉及技术研发与引进的成本。新技术的研发需要大量的人力、物力和财力投入，而引进国外先进技术也需要支付高昂的技术转让费或专利使用费。新技术在研发或引进后，还需要进行本地化改造和适配，以适应企业的实际需求，这也将增加额外的成本。新技术的应用需要相应的硬件设备支持，如物联网设备、智能仓储机器人、无人驾驶车辆等。这些设备的购置成本一般较高，而且随着技术的更新换代，设备的更新速度也在加快，为了保持技术的领先性和竞争力，企业需要投入大量资金进行技术研发和创新。技术研发周期长、风险大，对企业的资金实力和技术储备要求较高，这为企业带来了较大的成本压力。智能物流技术的更新换代涉及多种技术标准和协议。不同厂商、不同系统之间的技术标准不统一，将导致设备之间的兼容性问题，影响系统的整体性能和稳定性。技术标准的频繁变化也将增加企业的技术适应难度和成本。智能物流技术的应用将改变企业的业务流程和管理方式。智能物流技术的更新换代将改变员工的工作方式和技能要求，企业投入大量的人力、物力和财力来推动业务流程的改造和调整，需要不断培养和引进新的专业人才，以适应新技术的需求。这将增加企业的人才培养与培训成本。新技术的学习曲线较陡，员工在适应新技术的过程中可能会遇到较大的困难。员工的年龄、学历、经验等因素也将影响其对新技术的适应能力，需要花费较多的时间和精力来学习和掌握新技术，这也将影响企业的运营效率。新技术的应用将改变企业的运营模式和管理方式，从而增加运营成本。新技术的维护和保养也需要额外的投入。随着技术的更新换代，新技术的应用和维护成本也将不断增加。新技术在带来便利和效率的同时，也可能增加数据泄漏和滥用的风险。企业需要加强数据安全与隐私保护的措施，确保客户信息和敏感数据的安全性和完整性。

（三）法规滞后与标准化建设的需要

智能物流的快速发展暴露出法规滞后与标准化建设不足的问题。当前，智能物流领域的法规建设相对滞后，无法满足行业快速发展的需求。一方面，传统的物流法规体系难以完全指导和覆盖智能物流的新业态、新模式；另一方面，智能物流涉及的技术、设备、数据等要素复杂多样，需要更加细致、全面的法规进行规范。法规滞后导致智能物流行业在发展过程中缺乏明确的法律指引，企业难以判断自身行为的合法性，从而限制了行业的健康发展。由于法规不明确，企业需要在多个方面增加投入以应对可能的法律风险，如合规审查、法律咨询等，从而增加运营成本。法规滞后还可能导致企业与企业之间、企业与政府之间的信息沟通不畅，会增加协调成本，降低运营效率。

智能物流标准化建设可以统一智能物流行业的技术、设备、数据等要素的标准，降低企业之间的信息沟通成本，提高行业整体的运营效率。标准化还可以促进不同企业之间的合作与协同，推动行业向更高水平发展。智能物流涉及大量的数据交换和传输，数据安全是行业发展的重要保障。通过标准化建设，可以制定统一的数据安全标准和规范，确保数据在传输、存储、处理等环节的安全性，降低数据泄漏和滥用的风险。标准化建设可以为技术创新提供明确的指引和支持。通过制定统一的技术标准和规范，可以引导企业按照正确的方向进行技术研发和创新，避免资源浪费和重复劳动。标准化还可以推动新技术、新模式的广泛应用，促进行业的持续发展。但当前智能物流领域的标准体系尚不完善，缺乏统一、全面的标准来规范行业的发展。不同企业、不同地区之间的标准存在差异，导致信息沟通不畅、运营效率低下等问题。一些企业对智能物流标准化的认识不足，缺乏主动参与标准化建设的积极性。这导致标准化建设的推进速度缓慢，难以满足行业快速发展的需求。智能物流标准化建设需要专业的技术人才和管理人才来推动，当前这类人才相对缺乏，导致标准化建设的进展受到制约。

智能物流的广泛应用使得物流行业的劳动力结构发生了显著变化。传统的物流作业岗位如搬运、分拣等逐渐被自动化设备所替代，而智能物流系统的维护、数据分析等岗位则逐渐增多。这种变化对劳动力的技能和素质提出了新的要求，一些传统的物流岗位会逐渐消失，导致部分工人失去工作机会，对传统的劳动力市场造成了一定冲击。智能物流的发展也会创造一些新的就业机会，传统的物流作业岗位对劳动力的技能要求相对较低，而智能物流系统的维护、数据分析等岗位则需要劳动力具备较高的技能和素质。这种变化要求劳动力进行技能提升和转型，以适应智能物流的发展需求。智能物流的发展也面临着社会接受度的挑战。虽然智能物流可以提高物流效率和降低运营成本，但其应用也会带来一定的就业压力和风险。智能物流系统的安全性和可靠性也是公众关注的焦点。如何平衡智能物流发展与社会接受度之间的关系，是智能物流发展中需要解决的重要问题。

（四）国际贸易环境下的物流复杂性

国际贸易活动日益频繁，物流是连接生产者与消费者的桥梁，智能物流在国际贸易环境下的应用日益广泛。国际贸易物流还涉及多个环节和多个参与方，信息的传递和共享变得尤为重要。但由于语言、法规政策、文化差异等因素，信息的传递和共享存在诸多障碍，导致信息失真、延误等问题，增加了物流的复杂性和不确定性。不同国家和地区的法规政策差异巨大，涉及税收、进出口限制、质量标准等方面，这些差异给国际贸易物流带来了极大的不确定性。文化背景、价值观念、消费习惯等存在差异，会影响物流需求和服务质量。不同国家和地区的地理环境、气候条件、交通设施等存在差异，会影响物流运输的效率和成本。国际贸易中存在多种风险，如政治风险、经济风险、汇率风险等，这些风险会影响物流的稳定性和可靠性。国际贸易物流的流程相对复杂，包括订单处理、报关报检、运输配送等多个环节。每个环节都需要遵循不同的法规政策和操作规范，且需要与其他环节进行紧密衔接。这种复杂性给智能物流系统的设计和实施带来了挑战。智能物流系统需要集成多种先进技术，如物联网、大数据、人工智能等。这些技术的集成和应用需要解决数据融合、算法优化、系统安全等问题，技术难度较高。国际贸易物流涉及多个参与方，如供应商、运输商、报关行等。如何有效协调这些参与方的工作，确保物流流程的高效运转，是智能物流系统需要解决的重要问题。

三、应对策略与建议

（一）加强数据安全与隐私保护的措施

加强立法工作，加强对智能物流领域的立法工作，制定专门的法律法规来规范智能物流的数据安全和隐私保护。应加大对违法行为的打击力度，提高违法成本。建立健全智能物流数据安全与隐私保护的监管机制，加强对物流企业的监督和管理。对于存在安全隐患的企业，应及时进行整改和处罚。在智能物流系统中，引入先进的加密技术和安全协议，确保数据传输和存储的安全性。加强系统安全防护，建立多层次的网络安全防御机制，防止黑客攻击和系统崩溃。例如，可以采用AES等对称加密算法或RSA等非对称加密算法对数据进行加密处理。通过建立完善的访问控制机制，可以限制非法用户对数据的访问和操作。采用基于角色的访问控制（RBAC）或基于属性的访问控制（ABAC）等方法来实现对用户权限的精细管理。定期对系统进行安全检查和漏洞修复，确保系统的稳定性和可靠性，采用多因素认证、生物特征认证等高级身份认证技术来确保用户身份的真实性。优化算法设计，提高算法优化与模型训练效率引入深度学习、强化学习等先进技术，结合物流行业的特点和需求，研发面向物流场景的智能算法和模型。借助云计算和大数据平台，实现算法优化和模型训练的快速迭代和更新。加强算法的可解释性和鲁棒性，提高算法在实际应用中的准确性和稳定性。建立完善的审计机制来记录用户的操作行为，以便在发生安全问题时能够追溯和调查。

物流企业还应建立完善的数据安全管理制度，明确数据安全管理的责任和义务。加强对员工的数据安全教育和培训，增强员工的数据安全意识。为了应对可能的数据丢失或损坏风险，物流企业应建立完善的数据备份和恢复机制。定期对重要数据进行备份，并存储在安全可靠的地方。制订详细的恢复计划以应对突发事件，定期对智能物流系统进行安全漏洞扫描和风险评估，及时发现和修复存在的安全漏洞。加强与安全厂商的合作和交流以获取最新的安全信息和解决方案。在全球化的背景下，智能物流数据安全与隐私保护需要国际合作与交流的支持。各国政府、企业和研究机构应加强合作与交流共同推动智能物流数据安全与隐私保护的发展。通过分享经验、交流技术和制定共同标准等方式来提高整个行业的安全水平。

（二）推动技术标准化与兼容性的发展

加强技术标准的制定和推广，制定统一的技术标准，物流行业应加强与相关部门的合作，制定统一的技术标准，确保不同系统之间的兼容性。积极参与国际物流标准的制定和推广，借鉴国际先进经验，提高我国物流行业的国际竞争力。加强跨行业合作与协同，物流行业应加强与相关行业的合作，建立跨行业合作机制，共同推动技术标准化与兼容性发展。推动产业链协同发展，通过技术标准化与兼容性，打破行业壁垒，促进物流产业与其他产业的协同发展，推动整个产业链的升级。加强技术创新和研发，物流企业应加大对智能物流技术的研发投入，推动新技术的不断涌现和应用。关注物联网、大数据、人工智能等技术的发展趋势，及时将新技术应用到物流领域。例如，引入物联网技术可以实现对物流设备的实时监控和智能调度；引入大数据分析技术可以对物流数据进行深入挖掘和分析，为企业的决策提供有力支持；引入人工智能技术可以实现对物流过程的自动化和智能化管理，提高物流系统的智能化水平。提高系统的兼容性和可扩展性，设计兼容性强的系统架构，在智能物流系统的设计和开发过程中，注重系统架构的兼容性设计，确保系统能够兼容不同的技术标准和平台。采用开放性的技术接口，方便与其他系统进行数据交换和集成，提高系统的可扩展性。加强人才培养和团队建设，针对智能物流对劳动力技能和素质的新要求，加强教育培训工作，通过提供相关的培训课程和实习机会，帮助劳动力提高技能和素质，适应智能物流的发展需求。培养具备跨领域知识的人才，加强对相关人才的培养和引进，建立高效的研发团队和技术支持团队，确保新技术能够快速应用到物流系统中，并不断优化和完善系统功能。针对智能物流对劳动力技能和素质的新要求，加强教育培训工作，通过提供相关的培训课程和实习机会，帮助劳动力提高技能和素质，适应智能物流的发展需求。

（三）倡导并践行绿色物流理念

绿色化、低碳化有利于提升人民的生活品质，绿色物流、低碳物流的发展，能够减少物流活动对环境的污染，使人们的生活环境更加美好，还能够满足人们不断增长的物质文化需求，提高人们的生活品质。要完善物流网络规划，智能物流系统通过先进的算法和模型，可以实现对物流网络的规划。在规划过程中，应充分考虑环境因素，如地理位置、交通状况、能源消耗等，以实现物流网络的绿色化。例如，通过优化配送路线，减少运输距离和车辆空驶率，降低能源消耗和排放；通过合理布局仓储设施，减少货物搬运次数和距离，提高物流效率。推广绿色包装和运输方式，包装和运输是物流活动中不可或缺的两个环节，也是能源消耗和排放的主要来源之一。智能物流应推广绿色包装和运输方式，以降低对环境的影响。例如，采用可循环使用的包装材料、推广电动和氢能源等清洁能源车辆、提高装载率以减少运输过程中的能源消耗和排放。加强物流信息化和智能化建设，信息化和智能化是智能物流的重要特征，也是实现绿色物流的关键手段。通过加强物流信息化和智能化建设，可以提高物流效率、降低能源消耗和排放。例如，利用物联网技术实现对货物的实时追踪和监控，避免货物丢失和损坏；利用大数据技术对物流数据进行分析和挖掘，优化物流流程、提高物流效率；利用人工智能技术实现智能调度和决策支持，降低人为因素对物流效率的影响。推广绿色供应链管理，供应链管理是物流活动的重要组成部分，也是实现绿色物流的重要环节。智能物流应推广绿色供应链管理，从源头上控制环境污染和资源浪费。例如，在供应商选择时优先考虑绿色供应商、在采购过程中优先选择环保材料和产品、在生产过程中采用清洁生产技术等。加强政策引导和支持，政策引导和支持是推动智能物流践行绿色物流理念的重要保障。制定相关政策措施，鼓励物流企业采用绿色技术和设备、推广绿色包装和运输方式、加强物流信息化和智能化建设等。加大对绿色物流项目的投资和支持力度，为物流企业提供必要的资金和技术支持。绿色化与低碳化是物流行业未来发展的必然趋势，全社会都应该积极推动绿色物流、低碳物流的发展，为构建美好的地球家园贡献力量。

（四）加强国际合作与政策协调

智能物流的发展不仅涉及技术创新和应用，更需要在国际合作与政策协调方面进行深化和拓展。要建立国际物流合作机制，加强政府间合作，各国政府应加强在物流领域的沟通和协作，共同制定物流合作政策和规划，推动全球物流网络的互联互通。通过国际组织、多边协议等方式，建立国际物流合作平台，促进各国物流企业之间的交流和合作。建立全球物流信息共享平台，实现物流信息的实时共享和交换，提高物流运作的透明度和效率。推动全球物流标准化，通过国际组织或行业协会等机构，制定全球统一的物流标准，包括技术标准、操作规范、管理标准等。各国政府和企业应积极推广国际物流标准，提高本国物流行业的标准化水平，降低国际贸易中的物流成本。建立全球物流标准认证体系，对符合国际标准的物流企业进行认证和评估，提高物流服务的可靠性和安全性。加强绿色物流合作，各国政府和企业应加强绿色物流理念的宣传和普及，推动物流行业向绿色、低碳、可持续的方向发展。加强在绿色物流技术领域的合作研发，推动新技术、新材料、新能源在物流行业的应用和推广。制定全球绿色物流标准，包括绿色包装、绿色运输、绿色仓储等方面的标准，推动物流行业的绿色转型。加强政策协调与对接，各国政府应加强对物流行业法规政策的研究和制定，确保物流政策与国际贸易规则相协调、相一致。建立国际物流政策沟通机制，加强各国政府之间的政策交流和协调，共同解决物流领域的问题。加强在物流政策领域的互认和合作，实现不同国家和地区物流政策的无缝对接和互认，清楚国际贸易中的政策壁垒。培养国际化物流人才，企业应加大对物流人才的培养力度，提高物流人才的国际化水平和专业能力。建立国际物流人才交流平台，促进各国物流人才之间的交流和合作，共同推动物流行业的创新发展。加强在物流领域的语言文化培训，提高物流人才的跨文化沟通能力，清除国际贸易中的文化障碍。

加强国际合作与政策协调是未来智能物流发展的重要方向。通过建立国际物流合作机制、推动全球物流标准化、加强绿色物流合作、加强政策协调与对接以及培养国际化物流人才等措施的实施，可以推动全球物流行业的智能化、标准化、绿色化、高效化发展，为全球经济一体化和可持续发展提供有力支持。

参考文献

1. 刘龙龙.冷链物流配送路径优化研究：以信阳市美团优选为例[J].全国流通经济，2024（3）：32−35.

2. 郜海明，郭太祥，李雪芹.车辆卫星定位监控系统在安钢汽运物流管理中的应用[J].河南冶金，2016，24（5）：48−51.

3. 黄迪.物联网的应用和发展研究[D].北京：北京邮电大学，2011.

林玲.物联网技术在物流行业中的应用及构建研究[D].北京：北京邮电大学，2011.

4. 张宁恩，侯振，万莹.智能仓储物流管理系统分析[J].信息系统工程，2023（7）：24−27.

5. 吕景加.物联网环境下仓储物流管理的思考[J].中国物流与采购，2023（15）：146−147.

6. 陈媛媛，张恒龙.基于物联网RFID智能化仓库系统设计[J].电子科技，2014，27（9）：68−70.

7. 沈縻胤.智能仓储物流系统在钢材服务中心出厂物流中的应用[J].中国外资，2020（12）：45−46.

8. 林玲.物联网技术在物流行业中的应用及构建研究[D].北京：北京邮电大学，2011.

9. 张宁恩，侯振，万莹.智能仓储物流管理系统分析[J].信息系统工程，2023，（07）：24-27.

10. 陈媛媛，张恒龙.基于物联网RFID智能化仓库系统设计[J].电子科技，2014，27（9）：68-70.

11. 王振兴.构建工厂规范、货物安全的物流执行两化融合新亮点：福建水泥工业4.0实践案例分享[J].福建建材，2016（11）：89-91

12. 汪旭晖，谢寻.数字科技创新引领物流业绿色低碳转型的机制与路径：基于京东物流的案例研究[J].经济与管理研究，2024，45（5）：21-40.